JOSÉ CARLOS BERMEJO

A VISITA AO DOENTE

O QUE FAZ MAL, O QUE FAZ BEM

Paulinas

Dados Internacionais de Catalogação na Publicação (CIP)
(Câmara Brasileira do Livro, SP, Brasil)

Bermejo, José Carlos, 1963-
A visita ao doente : o que faz mal, o que faz bem / José Carlos Bermejo ; [tradução António Maia da Rocha]. -- São Paulo : Paulinas, 2019. -- (Coleção pastoral da saúde)

Título original: La visita al enfermo : buenas y malas prácticas
Bibliografia.

ISBN 978-85-356-4484-5

1. Doentes - Cuidados - Aspectos morais e éticos 2. Humanização 3. Visitações 4. Visitações pastorais I. Título. II. Série.

18-22332   CDD-305.9087

Índices para catálogo sistemático:
1. Visitações aos enfermos : Aspectos morais e éticos   305.9087

Maria Paula C. Riyuzo - Bibliotecária - CRB-8/7639

Título original: *La visita al enfermo: Buenas y malas prácticas*
© 2014, José Carlos Bermejo Higuera. © 2014, PPC, Editorial y Distribuidora, S.A., Madrid.
© tradução: Paulus Editora, Lisboa, 2016.

1ª edição – 2019
1ª reimpressão – 2019

Direção-geral: *Flávia Reginatto*
Editora responsável: *Andréia Schweitzer*
Tradução: *António Maia da Rocha*
Copidesque: *Ana Cecilia Mari*
Coordenação de revisão: *Marina Mendonça*
Revisão: *Sandra Sinzato*
Gerente de produção: *Felício Calegaro Neto*
Capa e diagramação: *Tiago Filu*
Imagem capa: *Estudio SM*

Nenhuma parte desta obra poderá ser reproduzida ou transmitida por qualquer forma e/ou quaisquer meios (eletrônico ou mecânico, incluindo fotocópia e gravação) ou arquivada em qualquer sistema ou banco de dados sem permissão escrita da Editora. Direitos reservados.

Paulinas

Rua Dona Inácia Uchoa, 62
04110-020 – São Paulo – SP (Brasil)
Tel.: (11) 2125-3500
http://www.paulinas.com.br – editora@paulinas.com.br
Telemarketing e SAC: 0800-7010081
© Pia Sociedade Filhas de São Paulo – São Paulo, 2019

Sumário

Prólogo 7

Introdução 9

PRIMEIRA PARTE
Aprender a desaprender

1. Desaprender estilos de visita ao doente 15
2. Dominar a própria vulnerabilidade 23

SEGUNDA PARTE
Sugestões para a visita ao doente

3. Atenção plena 35
4. Centrar-se na pessoa 43
5. A chave da escuta 51
6. A chave do silêncio (e escutar o silêncio) 59
7. Como falar com o doente? 67
8. O poder terapêutico do contato físico 75
9. As perguntas na visita ao doente 83

TERCEIRA PARTE
Os objetivos da visita ao doente

10. Acompanhar na solidão 95
11. Tornar mais forte, promover a responsabilidade 103

12. Acompanhar a mudança 111

13. Como infundir esperança... 119

14. Acompanhar e perdoar.. 127

15. Como celebrar? 135

QUARTA PARTE
A visita ao doente em situações especiais

16. A visita ao doente de Alzheimer............................... 147

17. Visitar o doente no fim da vida 159

18. Acompanhar no luto 167

19. Humanizar os ritos 175

Ao fechar o livro 181

Prólogo

Quando alguém nos diz "Quero fazer uma visita para você", o nosso primeiro pensamento é querer saber quando virá, o que será que ele quer e por quê. Não será a mesma coisa, se isso for dito por um desconhecido ou por um conhecido (o técnico da companhia de gás, um vendedor, a vizinha do lado, o padre, um primo distante ou um amigo íntimo), porque a preparação para receber a visita será diferente.

A uns abriremos toda a casa; a outros, só parte dela e nem sempre a mesma a todos. Aliás, estaremos na defesa com alguns e mais ou menos à vontade com outros.

Algumas casas têm uma porta dividindo a parte "social" da parte "íntima". Habitualmente, os moradores recebem as pessoas na parte social, não sendo raro que se passem longas horas conversando numa sala de estar. Só se abre a porta para a cozinha e os quartos quando há uma relação de intimidade que motive a certeza de que as conversas não serão repetidas na rua. Ou seja, só quando essa intimidade está assegurada, porque, assim, será respeitada.

Quer dizer: quem acolhe uma visita pede – em todos os casos – prudência, respeito pela intimidade e pelos limites estabelecidos por ela, para que a imprudência ou a curiosidade de quem visita não provoquem a negação de qualquer visita futura ou mesmo de uma despedida intempestiva e seca antes do momento esperado.

Essa prudência e respeito são também os elementos essenciais de todas as visitas aos doentes. Adentramos sua casa (e, muitas vezes, sem aviso prévio e "sem bater à porta" da sua vida), pretendendo entrar em espaços existenciais para os quais não nos foi dada autorização.

É o que José Carlos Bermejo nos quer desvelar neste seu novo livro. Convida-nos a tirarmos o véu (*des-velar*) que temos diante dos olhos e que nos impede de ver que nem sempre agimos corretamente; que, por vezes, as nossas atitudes e ações bisbilhotam ou invadem o coração/lar do doente.

Convido você, leitor, a ler as propostas, teóricas e práticas, predisposto a passá-las pelo seu coração, examinando as suas visitas, sabendo que em muitos casos a sua atitude é uma resposta espontânea à nossa forma de nos apresentarmos e de entrarmos na sua vida.

Nenhum livro e nenhuma pessoa o marcará se não os fizer seu e não os ler ou escutar à luz da sua vida. Com esta atitude, convido-o a que entre não só neste mimo de livro, mas também nos tesouros que muitas das pessoas que esperam a sua visita escondem no seu interior.

Vá em frente! Bata à porta.

Jesús Martínez Carracedo
Diretor do Departamento de Pastoral da Saúde
da Conferência Episcopal Espanhola

Introdução

> Quando ouço dizer que um homem
> tem o hábito da leitura,
> estou predisposto a pensar bem dele.
>
> *Nicolás de Avellaneda*

Pediram-me que escrevesse um livro sobre a visita ao doente. E aqui está; até porque vejo que é cada vez mais necessário... e urgente. Se você o tem nas mãos com a intenção de ler, poderei pensar que está à procura de algo saudável para si e para os outros. Felicito-o e alegro-me com você.

Penso nas famílias e nos amigos, mas também nos profissionais, a começar pelos médicos que, nas visitas aos doentes, sentem frequentemente a dificuldade de querer fazer isso bem e, talvez, nunca tenham recebido algum tipo de formação ou a própria cultura não os tenha ajudado a situarem-se diante de quem sofre.

As palavras, os gestos e as capacidades sociais para saber se portar, para saber o que convém ou não dizer, constituem elementos que poderiam parecer corriqueiros, mas na realidade não são.

Fomos aprendendo por osmose a comportar-nos e temos condutas que poderiam ser revistas e melhoradas.

Confesso que escrevo estas páginas – como outros dos meus numerosos trabalhos já publicados – habitado pela raiva. Trata-se de uma sensação de mal-estar produzida pela contemplação de cenas desagradáveis para o doente, quando um visitante, em vez de com sua presença trazer alívio, só aborrece, recriminando, falando pelos cotovelos, não dando a menor atenção para a situação concreta em que o doente se encontra... e permita que, embora cheio de boa vontade, a sua presença se transforme num vírus que eleva a temperatura interior da luta contra a doença.

Desejo que estas páginas sirvam para, finalmente, dar razão a Fernando de Rojas quando diz: "É saudável para o doente a cara alegre de quem o visita"; mas, na verdade, não é assim que acontece.

Confesso que inicio estas linhas com ar crítico e até negativo. A minha ideia sobre como visitamos o doente ainda não é muito positiva, por mais numerosas que sejam as pessoas que quase consagraram a sua vida à humanização do acompanhamento no sofrimento... Há muito por fazer em todos os contextos: na visita do familiar, do amigo, do profissional de saúde, do voluntário... no hospital, no domicílio, no centro de saúde...

Confio que encontrarei no leitor, que é visitador regular de doentes, vontade de aprender. Concordo com a frase de Winston Churchill: "Pessoalmente, estou sempre disposto a aprender, mesmo que nem sempre goste que me ensinem". Seria uma boa disposição – a de aprender – para abrir estas páginas que querem contribuir para gerar uma cultura humanizadora sobre como acompanhar alguém em seu sofrimento.

PRIMEIRA PARTE

Aprender a desaprender

Desaprender o que se sabe é agora
muito mais importante do que aprender coisas.
Eduard Punset

Um dos conceitos que mais estão na moda nos últimos anos é o de "desaprender". Não falta quem afirme que, embora desaprender não seja o contrário de aprender, deve conter implícitos na sua definição os conceitos de crescimento, mente aberta, enriquecimento, inconformismo, criatividade...

Por que falamos de desaprender num livro sobre visita ao doente? Porque, efetivamente, interiorizamos e habituamo-nos, por osmose ou através de qualquer outro processo, aos modos de visitar o doente que não respondem às suas necessidades nem são saudáveis, mas que, ao pretenderem aportar um bem, só contribuem para aumentar o mal-estar e, às vezes, repetem claramente estereótipos que chegam a ser ridículos.

Numa visita a um doente de Alzheimer, fará algum sentido perguntar-lhe se sabe quem somos ou se nos conhece? O mesmo a um doente com graves dificuldades de consciência. Se um desses doentes se curasse repentinamente, poderia responder-nos: *Esqueceu* que tenho Alzheimer?" ou "Não percebe que tenho problemas de consciência?". E será que alguém tem o direito de dizer a um doente agonizante: "Bem, se você não falar, não vale a pena visitá-lo"? Também não devemos falar sobre temas comuns ou banais, às vezes em voz muito alta, no quarto de um doente claramente incomodado com as suas dores e outros sintomas, que só quer estar muito quieto e em silêncio ou, então, dormir e descansar depois de uma noite em claro...

Todos sabemos que os exemplos citados não são de outro planeta. Fazem parte das situações que contemplamos ou do nosso modo de nos comportarmos nas visitas aos doentes, feitas pelas mais variadas razões.

A proposta de desaprender consiste na oportunidade que temos de aprender modos adequados, deixando de lado aqueles que não se ajustam aos objetivos mais genuínos da visita e às necessidades do doente nesse momento. Desaprender não consistirá em abandonar completamente os conhecimentos, mas em ampliar a nossa bagagem cultural com estilos de maior importância ou transcendência para a pessoa; é deixarmos a nossa mente se abrir a novos conhecimentos, antes desconhecidos, que nos podem enriquecer enormemente. É deixar de lado conhecimentos, atitudes, esquemas mentais, separando-os de outros novos que agora se mostram de maior importância.

Por isso, desaprender é também sinônimo de humildade e implica termos a coragem de ser críticos com o valor da experiência ou do hábito.

1

Desaprender estilos de visita ao doente

> Se eu empregar muitas horas
> a convencer-me de que tenho razão,
> não poderá haver alguma razão
> para eu ter medo de estar enganada?
>
> *Jane Austen*

"Eu sempre disse: se não tivesse fumando tanto!... Vamos, precisa fazer a sua parte! É normal que doa! Não há mal que não venha para o bem! Seja um bom doente e não se queixe tanto! Deus só nos dá o que podemos suportar! Mais cedo ou mais tarde, isso acontece com todos! Temos de aceitar o que o destino nos reservou!..." É destas e de mil outras frases que nos servimos para nos esquivar ao verdadeiro encontro com a verdade. São máscaras atrás das quais escondemos que não sabemos o que dizer ou com que anestesiamos a nossa angústia na visita.

Os amigos de Jó

Este antiquíssimo livro da Sagrada Escritura, escrito alguns séculos antes de Cristo, é de uma furiosa atualidade. A trama, escrita provavelmente ao longo de vários séculos, apresenta a situação de uma pessoa que está de fato mal porque sofreu diferentes perdas (saúde, bens materiais, família...) e, como se se tratasse das cenas de uma peça de teatro, vai recebendo algumas visitas. São bons amigos e bons teóricos. Mas sabiam bem o que estava errado; quer dizer, aprenderam a dizer o que sempre se diz e a todos se diz. Naquele tempo, era comum que se dissesse: "Está pagando pelo mal que fez". Era esta a doutrina então corrente sobre a retribuição (que ainda hoje persiste, por mais que julguemos o contrário): o justo merece o bem, o pecador receberá o mal; uma justiça "demasiado humana".

Desta formulação derivam estereótipos na relação dos amigos para com Jó que ainda hoje persistem de maneiras diferentes: frases feitas, chavões grandiosos, exortações desmedidas...

Poderíamos reler essas páginas da Bíblia, individualmente ou em grupos, para rever a nossa cultura. Em particular, seria bom ouvir a reação de Jó, que não pode ser mais clara: "Até quando afligireis minha alma e me magoareis com vossos discursos?", "Como, pois, quereis consolar-me em vão?", "Ouvi, por favor, minhas palavras, e seja esse o consolo que me dais".

Jó, o homem sofredor de sempre, lança-nos o desafio de sermos prudentes com o que dizemos: o que os juízos moralizantes transmitem ao doente? E a linguagem exortativa: temos de ser fortes, é preciso ter paciência, tem que fazer a sua parte, é necessário..., é preciso...? Como se tivéssemos de repetir, como papagaios, o que ouvimos os outros dizer e não soubéssemos criar o nosso próprio discurso... ou o nosso silêncio.

Os chavões, as frases feitas, o que se diz sempre, nada disso é pessoal. Como seria bom desaprender! "A vida é dura", "mais cedo ou mais tarde acontecerá com todos nós", "é a lei da vida" e um sem-fim de estupidez que serve para se passar ao largo da pessoa visitada ou da sua família, para se passar ao largo da experiência pessoal.

A morte de Ivan Ilitch

Tolstói presenteou-nos com uma obra de arte assim intitulada. Deveria ser lida por todos os profissionais de saúde... e por todos aqueles que, algum dia, haverão de entrar em contato com pacientes terminais. Ivan Ilitch está de fato muito mal. Diante dele passam também os visitantes carregados de boas intenções. O que dizem? Ilitch é generoso em mostrar o que pensa e o que sente ao ouvir os comentários dos visitantes.

O protagonista desta obra é Ivan Ilitch, um burocratazinho que, na sua infância, foi educado com as convicções de, um dia, poder alcançar um lugar dentro do governo do império czarista. Gradualmente, os seus ideais vão-se realizando; mas perceberá que não serviu de nada esse esforço; porque, ao chegar perto da posição com que sempre sonhou, irá debater-se no dilema de ter de não só decifrar o significado de tamanho sacrifício, mas de também avaliar o mal-estar reinante no pequeno ambiente familiar que conseguiu construir. Um dia, fere-se ao consertar as cortinas e começa a sentir uma dor de que padece constantemente. Esse golpe é totalmente simbólico: quando sobe uma escada e quando está no mais alto – não só da escada, mas também do status que adquiriu na sua posição social –, cai, e então começará a sua decadência. Lentamente, Ivan Ilitch irá morrendo e formulando para si mesmo o porquê dessa morte e dessa solidão que o corrói, apesar de estar rodeado de pessoas do mundo aristocrático e *comme il faut* que ele próprio construiu.

Alguns fragmentos da obra são especialmente eloquentes. Uma visita médica relata-se assim:

> Passou-se tudo como ele esperava, e como sempre se passa. Longa espera, ares solenes e doutorais, bem conhecidos dele – porque fazia o mesmo no tribunal –, auscultação, as perguntas de costume, exigindo certas respostas antecipadamente determinadas e evidentemente inúteis, um ar importante que queria dizer: não tem mais que nos obedecer e nós arranjaremos tudo; estamos fartos de saber, sem dúvida possível, como as coisas se arranjam, sempre da mesma maneira, seja qual for o paciente. Tudo se passava exatamente como no tribunal. Tal como ele representava no tribunal diante dos acusados, o célebre doutor representava ali diante dele.
>
> O médico dizia: Isto e aquilo indicam que o senhor tem isto e aquilo; mas, caso não se confirmar a análise, será de supor que tenha isto e aquilo. E se se supõe..., nesse caso..., etc., etc.

Ivan Ilitch só estava preocupado com uma coisa: seria perigoso ou não? Mas o médico não queria saber dessa pergunta. Segundo o ponto de vista do médico, era uma pergunta inútil e que não merecia atenção: do que se tratava era de pesar probabilidades – rim flutuante, catarro crônico, apendicite... A vida de Ivan Ilitch não estava em causa, tratava-se de um debate entre o rim flutuante e a apendicite. E ante os próprios olhos de Ivan Ilitch, o médico decidiu brilhantemente o debate a favor da apendicite, embora indicasse, aliás, que a análise da urina podia oferecer novos dados e que nesse caso se faria uma revisão do processo. Era exatamente, palavra por palavra, a mesma operação que Ivan Ilitch executara um milhar de vezes com tanto brio, sobre os acusados que se apresentavam diante dele. O resumo do médico não foi menos brilhante, e lançou sobre o acusado, por cima dos óculos, um olhar triunfante, quase alegre. Ivan Ilitch concluiu do resumo do doutor que aquilo ia mal; para o médico, para toda a gente talvez, não tinha importância, mas para ele pessoalmente ia muito mal. E esta conclusão impressionou dolorosamente Ivan Ilitch e fez despertar nele um profundo sentimento de piedade por si próprio e de ódio contra o médico, tão indiferente perante coisa de tal importância.

Mas nada disse; levantou-se, depôs o dinheiro na mesa e disse, suspirando:

– Nós, os doentes, fazemos muitas vezes, provavelmente, perguntas despropositadas... Contudo, esta doença é perigosa ou não?

O médico lançou-lhe um olhar severo através dos óculos, como se dissesse: acusado, se ultrapassar os limites das perguntas que lhe são feitas, serei obrigado a fazê-lo sair da sala do tribunal.

– Disse-lhe já o que considerava necessário e conveniente dizer-lhe – proferiu o médico. – A análise completará o meu exame.

E cumprimentou.[1]

Mais claro é impossível. Haverá de ser um simples criado o único capaz de falar simplesmente e com verdade, diretamente, cara a cara com Ivan Ilitch sobre o que realmente lhe interessa, ao seu ritmo, centrado nas suas necessidades.

Sim, é como para escrever um livro sobre a visita ao doente. Nos vários cantos do mundo por onde passo, considero isso urgente. Quantas conversas inoportunas sobre o doente! Quanta necessidade de gerar cultura sobre a visita e educar emocionalmente perante a vulnerabilidade e a impotência! Nós nos concentramos em quem sofre, ou a ansiedade e o medo que sentimos marcam o nosso diálogo ao ritmo do palpite emocional que não sabemos manusear com simplicidade, com humildade, com mais escuta e com menos palavras?

---

[1] TOLSTÓI, L. (2008). *A morte de Ivan Ilitch*. Vila Nova de Famalicão: Quasi Edições, pp. 41-42.

O que faz mal, o que faz bem

O que faz mal

▶ Na visita, não utilizar frases feitas ou estereótipos como:

– Eu sempre disse: se você não tivesse fumado tanto!...

– Vamos lá! Você precisa fazer a sua parte!

– É normal que doa!

– Não há mal que não venha para o bem.

– Seja um bom doente e não se queixe tanto!

– Deus só nos dá o que podemos suportar!

– Mais cedo ou mais tarde, isso acontece com todos nós.

– Temos de aceitar o que o destino reserva a cada um de nós!

O que faz bem

▶ É muito saudável não só se libertar da tendência a responder impulsivamente em meio a um diálogo com o doente e com os seus familiares, mas também promover a escuta. O fato de não saber o que dizer não impede que haja um diálogo oportuno. Às vezes, o silêncio é melhor do que uma frase "vazia".

2

Dominar a própria vulnerabilidade

Estou horrorizado!
Não sei se o mundo está cheio
de homens inteligentes que o dissimulam...
ou de imbecis que não se coíbem de o mostrar.

Marc Brickman

Uma das minhas colegas na Unidade de Cuidados Paliativos do Centro San Camilo, médica, conta: "Todas as vezes que registro uma entrada, julgo que me chamam para um filme de cujo argumento me incumbiram, mas no qual eu não apareço. Vejo o sofrimento; mas, como não é o meu, saio. É a morte dos outros. Não penso que agora tenho menos medo da morte do que antes. Talvez mais consciência do que isso pode ser. Creio que não me afeta por um mecanismo de defesa. Há uma fase de habituação que já passei. A princípio, eu dormia à base de um ansiolítico, porque tinham me colocado no rodízio de todo o sofrimento, quando até então eu só tinha assinado dois atestados de óbito. O meu marido me dizia para sair dali porque me fazia sofrer. Às vezes, ao ver a minha data de nascimento, pergunto a mim mesma: 'E por que não me atingiu?'. De fato, estou cada vez mais convencida de que uma das maiores dificuldades para visitar o doente reside na gestão da vulnerabilidade do visitante".

Na visita ao doente, nas relações em que queremos ajudar alguém que sofre, está em jogo a pessoa do cuidador que, longe de ser um mero técnico, é um *curador ferido* que se reconhece assim ao experimentar o eco do esforço empático de entrar no mundo do outro. Para realizar bem a visita ao doente, o visitante precisa trabalhar a si próprio.

É o outro quem nos devolve a nossa própria realidade, e não apenas a sua. É o doente que faz ecoar em nós a vulnerabilidade que também como visitantes nos pertence juntamente com o poder de compreender a alteridade.

Acolhemos, hospedamos e entramos no mundo do outro e, desse modo e ao mesmo tempo, também o nosso mundo se nos revela mais claramente. Se não lidarmos bem com a nossa vulnerabilidade, precisaremos, às vezes, de ansiolítico e, em outras, sairemos de cena, defendendo-nos não necessariamente de maneira sensata.

Quando mergulhamos no mundo do enfermo, abrem-se as portas do nosso mundo pessoal, permitindo que apreciemos as semelhanças entre ambos. De fato, somos muito mais parecidos do que a profissão, o recenseamento, a pertença étnica ou até a cultura nos deixam entrever. Psíquica e existencialmente, somos feitos do mesmo material. Dentro de nós encontramos o significado do comportamento do outro, que se transforma em potencial para ajudar, se for bem utilizado. A justaposição das duas experiências, já não apenas a do enfermo, mas também a do visitante, motiva interpretações que fomentam a compreensão.

E chega-se a isso através daquilo que o filósofo alemão Theodor Lipps chamava "contágio emotivo". O psicanalista e escritor italiano Aldo Carotenuto define-o como "simetria secreta" e o filósofo e pedagogo austríaco Martin Buber como "relação eu-tu", de pessoa a pessoa, de coração a coração.

Quíron e a metáfora do curador ferido, ainda por explorar

A imagem do *curador ferido* (que se utiliza cada vez mais na literatura médica, psicológica e espiritual) serve para evidenciar o processo interior a que são chamados todos os que prestam ajuda a quem atravessa um momento difícil na vida, marcado pelo sofrimento físico, psíquico ou espiritual. Significa, por isso, o reconhecimento, a aceitação e a integração das suas feridas, da sua vulnerabilidade e da sua condição de finitude.

As origens dessa imagem remontam à Idade Antiga. Mitologias e religiões de quase todas as culturas possuem uma grande riqueza de figuras que, para poderem ajudar os outros, devem primeiro curar a si mesmas.

A mitologia grega narra que Filira (Phylira), filha de Oceano e de Tétis, foi perseguida passionalmente por Cronos; por isso, pediu a Zeus que a transformasse em égua para assim enganar o deus. Mas Cronos percebeu o engano e transformou-se em cavalo, logrando assim satisfazer o seu desejo. Dessa união forçada nasceu Quíron, uma criatura singular, com figura de centauro, quer dizer, com cabeça, tronco e braços de homem, mas com corpo e as quatro patas de um cavalo.

Ao ver o fruto monstruoso do seu ventre, a mãe renegou o seu filho, e Quíron cresceu numa gruta entregue aos cuidados de Apolo e Atena, que o educaram tão bem que, ao contrário dos seus pais centauros, violentos e destruidores, ele se tornou um exemplo de sabedoria e prudência. Conhecia a arte da escrita, a poesia e a música; mas, antes de tudo, era reconhecido como médico e cirurgião, curador e resgatador da morte, sendo consultado por heróis e deuses.

Toda a sua ciência se produziu depois de um acidente fortuito que lhe provocou uma ferida incurável: um dia, acidentalmente, Hércules feriu o centauro numa das suas patas traseiras com a ponta da sua lança envenenada; mas, como era imortal, também o seu sofrimento se tornou perpétuo, para o qual não havia cura nem alívio.

Ao procurar remédio para o seu mal, começa a descobrir a arte de curar; mas eis o seu mítico paradoxo: embora possa curar os outros, não pode curar a si mesmo. Por isso, o sentido da sua existência centrou-se em tratar os outros e encarregar-se da sua dor; a medicina atual deve-lhe muito e, com toda a certeza, a palavra "quirófano" (de Quíron) significa "aquele que cura com as mãos as feridas de outro".

Integração e manuseamento da nossa "ferida"

Embora a personagem de Quíron tenha sido resgatada na literatura por Dante em *A Divina Comédia*, e por Goethe no seu *Fausto*, entre outros, foi preciso esperar pelos alvores do século XX para que a mensagem contida na sua história adquirisse um claro sentido antropológico pela mão do psicólogo Carl Gustav Jung. Quíron é o arquétipo do *curador ferido*; é curador porque cura; mas também ele está ferido, constituindo assim um paradoxo existencial que encarna em cada pessoa, tanto na que procura curar a sua dor como na que oferece cura.

Portanto, o *curador ferido* é figura arquetípica da relação terapêutica, em que o ajudante executa a arte de curar, independentemente de um método ou de uma terapia pontual, pondo todo o seu ser nesse ato e empatizando com a ferida do paciente que lhe lembra e ativa a sua própria ferida, devolvendo-lhe, desse modo, a sua percepção, de maneira que doente e visitante "trocam" de papéis fazendo com que a dor de cada um seja frutificadora.

Jung, adiantando-se a Carl Rogers e a Martin Buber, já sabia que nenhum processo terapêutico funciona sem que se envolva a subjetividade que a relação pessoal implica.

Na linha das reflexões de Carl Jung, diríamos que o autoconhecimento tem como um dos objetivos fundamentais a *integração da sua própria sombra*. Em linguagem metafórica, a sombra constitui um obscuro tesouro composto pelos elementos infantis do próprio ser, pelos apegos, pelos sintomas neuróticos e pelos talentos não desenvolvidos, pelos sentimentos dificilmente aceitos, pelos limites e pelas zonas escuras que, à primeira vista, repugnam à boa imagem que queremos ter e dar de nós mesmos, pelos traumas experimentados na nossa biografia, pelos problemas ainda não resolvidos...

Conhecer e integrar a nossa sombra é curarmo-nos. Supõe uma apaixonante *terapia do limite*, quer dizer, um processo de humanização em que a própria fragilidade se transforma em recurso permanente, em que o que desejaríamos esconder se transforma em fonte de compreensão das dinâmicas alheias, até que possamos dizer serenamente: "Nada do que é humano me é estranho"; qualquer dinâmica pessoal que encontro nos outros tem um eco em mim que me permite ser compreensivo e humano diante dela.

Sentar-nos diante da tela do nosso coração, dispostos a assistir à representação realista do nosso interior, pode gerar pânico em nós. Só quem sobrevive à contemplação serena das cenas menos agradáveis, das recordações inapagáveis que afetam e construíram a nossa personalidade, da tirania dos sentimentos que, por vezes, não se deixaram manejar pela razão, só esse alguém será um artista na escuta da vulnerabilidade alheia encontrada na visita ao doente.

Infelizmente, a cultura não facilita muito o processo de integração das nossas feridas, da nossa vulnerabilidade, que entra em jogo na visita ao doente. Um tratamento não maduro da nossa vulnerabilidade pode levar, como aconteceu com a minha colega, a defender-se, às vezes com ansiolítico, outras com mecanismos de defesa que podem impedir que se tire partido da própria vulnerabilidade.

O que faz mal, o que faz bem

O que faz mal

► Relatar sempre problemas nossos, semelhantes aos que ouvimos da pessoa que visitamos.

► Considerar-se incapaz de realizar uma boa visita pelo fato de sentir ansiedade e ter medo do que dizer.

► Convidar a não explorar o lado obscuro da vida porque, no fundo, nos revela o nosso próprio lado obscuro.

O que faz bem

► Utilizar a experiência da nossa vulnerabilidade pessoal para aumentar a capacidade de compreensão do sofrimento alheio.

► Só revelar os nossos problemas pessoais durante a conversa, quando tivermos certeza de que falar deles estimulará e confrontará positivamente o doente.

► Conseguir uma saudável admiração perante a limitação humana, considerando que "nada do que é humano me é estranho".

► Compartilhar as nossas dificuldades pessoais de visitante com alguém que nos possa ajudar (diferente do paciente a visitar) para crescer humanamente, em vez de tentar dissimular diante dos outros e de nós próprios que temos limites.

SEGUNDA PARTE

Sugestões para a visita ao doente

Sem um coração cheio de amor
e sem duas mãos generosas,
é impossível curar um homem
doente de solidão.
Santa Teresa de Calcutá

Procurar "pistas" para a visita ao doente é como interrogar-se a respeito do modo como entrar pela porta certa no mundo do outro sem o molestar, gerando conforto, sendo efetivamente uma ajuda.

Para Dr. Derek Doyle,[1] membro fundador da Associação Internacional de Cuidados Paliativos, só há uma regra para se comunicar com os doentes: "Responder com afeto e respeito, clareza e dignidade no contato físico e no acompanhamento humano, como gostaríamos que as pessoas fizessem conosco". Outros se atreveriam a avaliar e dizer que, na realidade, a regra de ouro não é a que convida a tratar os outros como gostaríamos que nos tratassem, mas como eles gostariam de ser tratados, quer dizer, centrarmo-nos no destinatário da visita.

Uma visita ao doente deveria estar impregnada de um posicionamento que se poderia formular assim na mente do visitante (mas não nas suas palavras): "Vim lhe fazer companhia". Atendendo à origem etimológica, a palavra "companheiro" (*cum-panis,* que significa "comer pão juntamente com"), de onde procede "companhia", seria algo como pensar assim: "Ao visitar, vou 'sentar-me à mesa da realidade' (o pão: as suas necessidades, os seus sentimentos, os seus valores, as suas possibilidades, os seus anseios...) e 'comeremos juntos'". Sim, é de fato muito metafórico; mas também muito sugestivo: venho até você. Você é o protagonista. Caminhemos

---

[1] DOYLE, D. (1987). *Domiciliary Terminal Care.* Edimburgo: Churchill Livinsgtone.

juntos seguindo o seu ritmo, com a sinfonia que eu tiver de tocar segundo a sua partitura.

Porque, efetivamente, na experiência do sofrimento, como defendia Santo Agostinho,[2] para as pessoas existem duas maneiras de perceber o tempo: o tempo objetivo (uma hora) e o tempo subjetivo (a vivência de uma hora). Em geral, para o doente, a percepção da passagem do tempo é lenta e pesada quando ele está sofrendo – uma hora de sofrimento é eterna –, mas, ao contrário, quando ele está bem, parece que os relógios voam. "O tempo não é uma questão de longitude, mas de profundidade", dizia C. Saunders, que enfatizava a importância dos cuidados paliativos na medicina moderna.

Por isso, não haverá pista mais importante do que a centralidade da pessoa do enfermo, a escuta ativa, o saudável contato físico, o uso prudente da palavra e a gestão moderada das perguntas. Às vezes, será preciso estar em silêncio, mas estar; outras, a visita poderá consistir num "aprender a não estar" (aquilo a que Henri Nouwen chamaria o serviço da ausência[3]) e, ainda outras, o melhor que poderemos fazer será simplesmente compartilhar algumas atividades de en-

---

[2] BAYÉS, R.; MORERA, M. (2000). El punto de vista del paciente en la práctica clínica hospitalária. *Medicina Clínica* 16: 141-144.

[3] NOUWEN, H. J. M. (1987). *La memoria viva de Jesucristo*. Buenos Aires: Guadalupe, pp. 41-42. [Ed. bras.: *Memória viva*: apostolado e oração em memória de Jesus Cristo. São Paulo: Loyola, 2001.]

tretenimento e de ócio que distraiam a pessoa do risco de se centrar apenas na experiência negativa que atravessa.

Uma das sugestões prévias à visita ao doente é a clareza e a nobreza das motivações. As razões que conduzem uma pessoa à cabeceira do doente podem ser diversas. Para alguns, a visita aos doentes faz parte da rotina do trabalho; para outros, trata-se de satisfazer a obrigação do vínculo familiar; outros o fazem por formalidade e cumprimento de um dever ou – digamos – por sentido de solidariedade (que admite muitos graus); e há outros que foram chamados pelo próprio paciente ou pelo pessoal da assistência social. Logicamente, cada situação cria expectativas diferentes e tem reflexos no espírito da visita. Por exemplo, o estado de espírito com que se visita um doente que pediu para falar com uma pessoa é diferente daquele com que se faz a visita porque os familiares ou amigos têm esse hábito, sem se consultar ou refletir sobre a sua oportunidade. A nobreza das motivações deverá estar relacionada com a centralidade e o protagonismo da pessoa visitada e a oportunidade do momento.

3

Atenção plena

Estou convencido de que, em princípio,
Deus fez um mundo diferente para cada homem
e que é nesse mundo,
que está dentro de nós mesmos,
que deveríamos tentar viver.

Marc Brickman

Não haverá palavra oportuna e hospitaleira na visita ao doente, se não estiver profundamente arraigada na grande chave da hospitalidade, que é a escuta. Quanto mais exercícios eu faço para supervisionar alunos de aconselhamento, mais tomo consciência da diferença que há entre ouvir a "história" que o ajudado traz consigo e narra, e o verdadeiro significado que tem para a sua biografia pessoal. Sentir-se escutado, compreendido no mundo dos sentimentos, captado na tensão emocional pessoal, ser visto com os olhos do espírito, são frutos da escuta hospitalar. Não é possível escutar sem se ter aquilo a que hoje cada vez mais se denomina "presença plena".

Uma das práticas que passaram das disciplinas espirituais para a vida atual e para o mundo das relações de ajuda e do acompanhamento é a da atenção plena. É uma indicação para a visita ao doente. Trata-se de se estar realmente presente, com todos os sentidos. É a tradição que melhor enfatiza essa atitude.

Atenção plena e relação de ajuda

Não é fácil viver entregue conscientemente às ações e experiências cotidianas, conduzindo a mente, centrando-a e esvaziando-a dos conteúdos ansiosos, das expectativas e das apreensões, dos preconceitos, das antecipações e das ligações ao passado ou a um futuro possível.

Atualmente, essa prática milenar, que tem uma forte conexão com a meditação e é também conhecida como *mindfulness*, está sendo ensinada como técnica também aos profissionais da ajuda psicológica, devendo por isso considerar-se uma indicação para a visita ao doente.

Ao interatuar, a atenção plena melhora a comunicação e a afetividade, porque estamos realmente lá, presentes, ouvindo, abertos, vazios de ideias preconcebidas e, ao mesmo tempo, fluindo com a energia do enfermo.

Além disso, é vital incluir no ato de estarmos presentes a abertura de coração, o sentimento de contribuir com o melhor de nós mesmos em cada momento e ligarmo-nos com um sentido de colaboração e de serviço próprio da atitude empática.

No fundo, trata-se, de uma consideração da importância de não nos fixarmos meramente nos sintomas que o enfermo apresenta, mas de realmente nos sintonizarmos com o significado profundo que eles têm para a pessoa. Mas isso requer uma atenção concentrada.

O suco da maçã

A atenção plena implica uma séria disposição de quem quer ajudar o outro: deter-se perante a realidade e abrir--se com uma boa dose de autocontrole. Segundo os estudiosos, cada um de nós tem uma semente de *mindfulness*, mas habitualmente nos esquecemos de regá-la. Isso exige treino. A prática de parar, deter-se, é crucial. Como nos detemos? Paramos, tomando consciência da nossa respiração – inspiração e expiração – e dos nossos passos: caminhar conscientemente. Poderíamos dizer: ter plena consciência de que estamos na luta, de que trabalhamos e de que escutamos alguém.

Para explicar as implicações da atenção plena, um monge budista conta que viveu num eremitério e que um dia chegou uma família de refugiados que tinha escapado do Vietnã. O pai andava à procura de trabalho em Paris e pediu-lhe que cuidasse da sua filha de cinco anos, Thuy, que significa "água".

Thuy e outra menina ficaram com ele e combinaram que, quando chegasse o momento da prática da meditação, elas iriam dormir e não falariam nem brincariam. Um dia, Thuy e outras meninas estavam brincando próximo do eremitério e entraram para pedir água. O budista tinha suco de maçã que um vizinho lhe havia oferecido. Deu um copo de suco a cada menina. A última porção do suco de maçã coube a Thuy, que não o quis beber porque tinha muita polpa; deixando o suco em cima da mesa, foi brincar. Cerca de uma hora depois, voltou muito sequiosa à procura de água. O budista indicou-lhe o copo de suco de maçã e perguntou-lhe: "Por que não toma o suco? Está delicioso". Ela olhou para o copo e viu que, então, estava muito claro, já que, passada uma hora, toda a polpa tinha se depositado no fundo. E ela bebeu. Muito contente.

Depois, a menina perguntou por que razão o suco tinha ficado claro; o budista respondeu-lhe que estivera praticando meditação durante uma hora. E ela compreendeu: o copo de suco manteve-se quieto e tornou-se claro. A menina disse: "Agora entendi por que você pratica meditação: para ficar mais claro". Imitamos o suco de maçã ou é ele que nos imita.

De fato, a capacidade de fazer silêncio interior aumenta as possibilidades de nos tornarmos claros e estarmos presentes – com atenção plena – na visita ao doente.

O que a atenção plena implica

Sobre esse tema, Jon Kabat-Zinn, diretor fundador da Clínica de Redução do Estresse e do Centro de Atenção Plena em Medicina, diz que a *mindfulness* implica uma série de atitudes de fundo:

- *Não julgar.* Uma atitude a que os meditadores chamam *epoché.* Falar com alguém sem julgar o outro ou a si mesmo permite experimentar que qualquer pessoa adeque-se a seu discurso.

- *Paciência.* Não é possível o desenvolvimento dessa atitude sem trabalho, sem treino.

- *Mente de principiante.* Também pode se referir a um genuíno espanto de uma criança perante cada pessoa.

- *Confiança nas pessoas.* Não tanto nos resultados quanto no caminho a percorrer.

- *Não lutar.* Não se ofusque, sabotando-se, através de oposições dialéticas.

- *Aceitação da experiência* tal como vem e é.

- *Deixe ir* ou, o que é o mesmo, que o relacionamento flua espontaneamente, ou desengaje-se, desvincule-se. Não tente explicar tudo ou entender qualquer comportamento, mas relacionar-se como ser habitado pela liberdade.

A atenção plena ajuda-nos a reconhecer o que está acontecendo no momento presente. Praticar *mindfulness* não requer um lugar especial ou fazer coisas estranhas. Podemos praticar *mindfulness* no nosso dia a dia. Podemos fazer as coisas de sempre – caminhar, estar sentados, trabalhar, comer e falar –, mas realizando-as conscientemente, isto é, sabendo o que estamos fazendo.

Quando olhamos para um belo entardecer, se estivermos plenamente atentos, poderemos viver muito profundamente esse pôr do sol. Mas, se a nossa mente não estiver presente, porque está distraída com outras coisas – se estivermos preocupados com o passado ou com o futuro ou com os nossos projetos –, não estaremos plenamente atentos nesse momento nem poderemos usufruir da beleza desse entardecer. A *mindfulness* permite-nos estar totalmente presentes no aqui e agora, de tal modo que podemos desfrutar das maravilhas da vida, que têm o poder de nos curar, transformar e alimentar.

Quando praticamos isso na visita ao doente, a admiração diante do ser humano que sofre e das suas potencialidades transforma-se num cenário muito poderoso de saúde. Então, o ato de ouvir torna-se uma forma privilegiada e profunda de hospitalidade.

O que faz mal, o que faz bem

O que faz mal

▶ Iniciar uma visita apresentando diversos temas em tom resolutivo, sem, anteriormente, verificar o estado do doente.

▶ Impor um estado de ânimo: "Tem de se animar", sem acolher com todos os sentidos a experiência do enfermo.

▶ Distrair-se com conflitos do passado ou planos para o futuro sem acolher a experiência do presente, o aqui e agora do paciente.

O que faz bem

▶ Se possível, antes de visitar um doente, dedicar alguns momentos ao silêncio interior, ao relaxamento. Não importa a sua duração, bastam uns segundos de disposição e abertura ao encontro.

▶ Adquirir o hábito de estar consciente de si mesmo, do seu corpo, das suas sensações e de seus sentimentos.

▶ Cultivar a admiração diante da natureza, das pessoas, respeitando as diferenças, porque predispõe saudavelmente para o encontro com as pessoas que sofrem.

4

Centrar-se na pessoa

O caso da 2329, o fígado da 2, a hemoglobina da 8, o timbre da 16 etc., etc. Por mais que em todos os congressos de saúde e de acompanhamento se fale da necessidade de personalizar e humanizar a atenção às pessoas, continuamos agarrados a dinamismos que não favorecem uma consideração integral da pessoa. Vozes reiteradas em diversos lugares do mundo reivindicam um modelo de atenção centrado na pessoa, tanto na doença como na dependência. É uma chave fundamental para a visita ao doente.

Conseguiremos realizar as mudanças necessárias para promover uma medicina centrada na pessoa? Será que os antigos modelos de atenção individualizada poderão ser superados por uma atenção aos doentes e à sua dependência que, no final das contas, é distribuída em série, porque igual para todos em questões de hospitalidade, de institucionalização, de normas de funcionamento e protocolos? Estamos realmente a caminho? Não tínhamos começado com o surgimento da psicologia humanista e com o desenvolvimento da psicologia positiva e dos movimentos à volta do *holismo*?

Os significados

Há quem apresente este modelo de "atenção integral centrada na pessoa" como algo bem articulado nas duas características consubstanciais: a integralidade e a centralidade da pessoa.

Quando falamos de atenção integral, elemento essencial do acompanhamento e da visita aos doentes, o que se procura é o desenvolvimento de uma forma de atender e de uma série de serviços que vão além da mera prestação de atenções médicas biológicas e centradas nas necessidades. Busca-se uma articulação dos programas e dos serviços que permita o desenvolvimento máximo dos projetos vitais das pessoas no seu ambiente.

Por outro lado, além da integridade, a atenção deve centrar-se na pessoa, quer dizer, tem de ir além da atenção individualizada clássica, muito centrada nas necessidades detectadas na pessoa, e deverá esforçar-se por se adaptar às características individuais de cada um, estimulando e apoiando que a pessoa participe ativamente no seu processo de atenção, cujo objetivo final é sempre o apoio ao desenvolvimento dos projetos de vida a que cada um aspira.

No fundo, a partir do modelo de atenção integral centrado nas pessoas, os serviços formais são valiosos apoios para o bem-estar delas. A visita ao doente deveria inspirar-se nessa perspectiva.

Saúde pessoal, não apenas biológica

Esta é a base do modelo de acompanhamento pessoal – relação de ajuda, aconselhamento – que ensinamos no Centro de Humanização da Saúde, em Madri, Espanha, há já quinze anos.*

Na realidade, no fundo, a visita ao doente deveria impregnar-se dos conhecimentos do mundo do aconselhamento, atrás do qual existe, obviamente, uma antropologia. Em todos os cenários pretensamente humanizadores se fala de "holismo", de consideração integral da pessoa. De fato, um dos indicadores de um cuidado humanizador é a consideração da pessoa ajudada em sentido holístico. A palavra "holístico" provém do grego *holos*, que significa "todo, inteiro, total, completo" e costuma ser usada como sinônimo de integral.

O aconselhamento centrado na pessoa implica um acompanhamento em sentido holístico. Isso significa que se considera a pessoa em todas as suas dimensões, quer dizer, na dimensão física, intelectual, social, emocional, espiritual e religiosa. Esse modelo é sumamente útil para se pensar em todos os tipos de visita ao doente.

O aconselhamento tende a promover a saúde integral (holística). Quer dizer, queremos que a pessoa visitada faça a experiência de saúde no seu corpo e a faça como harmonia

---

* O original espanhol deste livro é de 2014 [N.T.].

e responsabilidade na gestão da sua vida (com os seus recursos, os seus limites e as suas disfunções).

Assim, uma pessoa está fisicamente sã quando, ao considerar o seu corpo, cuida dele e o trata mais do que como corpo animal, mas também seu aspecto de corporeidade, pois o ser humano está inteiro no corpo, ultrapassando antigos dualismos que viam nele um cárcere da alma com as suas conotações negativas. Com efeito, o corpo humano evoca e veicula a dimensão relacional. Portanto, também há saúde física mesmo com grandes limitações no corpo, como, de fato, acontece quando as pessoas têm diferentes tipos de deficiências.

Da mesma forma, acompanhar a pessoa em sentido holístico pressupõe que se gera saúde também no âmbito mental. A saúde mental não é somente ausência de patologias psíquicas, mas também a entendemos como apropriação das suas cognições, ideias, teorias, paradigmas e modos de interpretar a realidade, livres de obsessões e visões fechadas e pretensamente definitivas das coisas e da vida. Ora, o aconselhamento pode contribuir muito para isso.

De igual modo, a visão integral da pessoa no aconselhamento comporta que seja acompanhada na promoção da saúde relacional, da saúde na dimensão social. Haverá saúde relacional quando se puder dizer que uma pessoa se relaciona bem consigo mesma porque experimenta certo equilíbrio com respeito a seu corpo, porque promove o cuidado e a beleza pessoais e a autoestima. Uma pessoa vive saudavelmente a sua dimensão relacional quando experimenta a paz com o fato de "ser terra", quando estabelece um relacionamento positivo com toda a geografia humana física, quando sabe desfrutar e tem capacidade de pospor a gratificação. Uma pessoa vive saudavelmente as relações com os outros quando estão impregnadas de bom uso do olhar, quando é capaz de experimentar ternura e de viver o contato corporal de maneira respeitosa e positiva, sem fugir dele, sem invadir a intimidade alheia nem exibir a sua. Uma pessoa indica saúde relacional quando reconhece que é interdependente.

Mas também falamos de saúde emocional e referimo-nos a ela no quadro desse acompanhamento holístico, porque a dimensão emotiva é mais uma das dimensões que consideramos. Queremos gerar saúde emocional como manuseamento responsável dos sentimentos, reconhecendo-os, dando-lhes nome, aceitando-os, integrando-os e aproveitando a sua energia a serviço dos valores. A pessoa emocionalmente saudável controla os seus sentimentos de maneira assertiva, afirmativa.

Acompanhar a pessoa em sentido holístico também significa gerar saúde espiritual, quer dizer, gerar a consciência de ser transcendente, gerar o conhecimento dos seus valores pessoais e o respeito pela diversidade de escalas, a gestão saudável da pergunta pelo sentido e pela adesão ou não, livre, a uma religião libertadora e humanizadora, que não gere fanatismos, escravidões, moralização, sentimentos de culpa doentios nem anestesia do humano...

Na realidade, o aconselhamento intervém holisticamente, quer dizer, recupera a visão integral, caminha contra a corrente da mentalidade contemporânea que vai pelo caminho da fragmentação e da superespecialização.

Quem visita o doente deveria, de alguma forma, ter "certos conhecimentos de aconselhamento" e pensar em si mesmo não como um técnico do modelo centrado na pessoa, mas como uma pessoa – também ela vulnerável – que se encontra com outra pessoa. A chave: o encontro; duas biografias construindo saúde.

O que faz mal, o que faz bem

O que faz mal

- ▶ Fazer tudo pelo doente, mas sem o doente.
- ▶ Considerar o doente um mero destinatário dos nossos cuidados.
- ▶ Usar imperativos, fundamentalmente na relação, embora com boa intenção.

O que faz bem

- ▶ Considerar o doente protagonista na tomada de decisões.
- ▶ Fazer com que o doente cuide de si mesmo e determine em que precisa de ajuda, não o deixando cair numa dependência desnecessária.
- ▶ Ajudar a dar significados não fatalistas à doença.

5

A chave da escuta

> Valor é aquilo de que precisamos
> para nos levantar e falar;
> mas também é o que se requer
> para nos sentarmos e escutarmos.
>
> *Winston Churchill*

Uma vez, uma aluna de oficinas de escuta do Centro de Humanização da Saúde contou-me: "Fazemos oficinas de escuta. Quando me perguntam o que é a escuta, eu respondo: o fogo, a roda. Uma das invenções mais importantes do homem para transformar o mundo fazendo milagres. Tem tanto poder que só se descobre experimentando-a: tanto faz que seja escutando ou sendo escutado".

Eu mesmo me assusto ao transcrever estas palavras de uma mulher que, depois de também ela ter feito oficinas de escuta como aluna com professores do nosso Centro de Humanização da Saúde, se tornou professora de professores. Não sei se a escuta é realmente uma invenção do homem ou se é uma capacidade que ainda não descobrimos em toda a sua potencialidade, mas concordo com ela: faz milagres; e também com Plutarco, que dizia: "Para saber falar é preciso saber escutar".

Não há dúvida de que um dos elementos mais importantes para a visita ao doente é estar disposto a escutar; mas, para isso, é preciso aprender.

Digno de admiração

Efetivamente, "digno de admiração" é o que, em primeira instância, quer dizer algo milagroso, digno de ser admirado. Mas posso testemunhar o que recolhi ao longo de anos sobre o benefício da escuta. Admirei com gosto as maravilhas realizadas por grupos de pessoas que realizam oficinas com títulos como "A descida ao poço" para simbolizar o que fazem com a escuta e as pessoas que ajudam: entrar no seu poço interior, no seu coração ferido.

Constatei que, efetivamente, é um milagre o processo seguido por aquela jovem anoréxica que tinha passado por todos os especialistas da cidade durante cinco anos. Marta ofereceu-lhe horas de escuta e relata o milagre do esvaziamento interior, da libertação do sofrimento que a oprimia: uma jovem de trinta anos, inteligente, bela, artista com dedos de pianista, mas com uma história de abuso sexual provocada pelo seu pai durante anos. Necessitava especialmente do milagre da escuta, do acolhimento que reconstrói a pessoa, da proximidade que gera, da cumplicidade que fortalece, da relação sadia que cura. Precisava de uma visita curadora, milagrosa, com o poderoso remédio da escuta.

É digno de admiração o efeito daquela tarde em que, ao falar com uma mulher, depois de constatar que sofria muito e não conseguia desabafar, o silêncio durou uma hora. Uma hora em silêncio numa sala do centro de assessoria familiar, com Marta. Uma hora interminável em que aquela mulher adorável e afetuosa, Marta, professora de oficinas de escuta, rezava secretamente, pedindo ajuda para quem não falava, mas sem quebrar o silêncio que, no entanto, acabou por ser quebrado: a mulher não tinha filhos no casamento, mas desejava tê-los. E sentia-se culpada por isso. Finalmente, no fim dessa hora de silêncio, que posso imaginar interminável, explodiu: alguns anos antes tinha abortado e sentia que, por isso, Deus a estava castigando. A disposição da escuta produziu uma libertação tão trabalhosa que poderia dizer ter retirado de cima dela o peso de uma verdadeira laje.

Digno de admiração é o efeito da escuta para aquele rapaz que fracassava tanto no colégio: "Você sabe o que acontece com um pedreiro que cai do andaime?", perguntou-lhe Marta. "Pode quebrar a espinha", respondeu ele. "E quando foi que você quebrou a espinha?", disse-lhe esta mulher que faz milagres "entrando em poços com a escuta". "Quando os meus pais se separaram", respondeu o rapaz; e começou a narrar uma longa história de sofrimento. Mais um milagre que gerou uma mudança radical no rendimento escolar.

Marta conta que essas pessoas estavam mortas e ressuscitaram. Não tem receio de fazer essa afirmação. Com a escuta e os seus momentos mágicos produzem-se essas ressurreições maravilhosas. Creio nelas. Essa é a natureza da escuta necessária como elemento essencial para visitar o enfermo.

O que tem a escuta

"É uma das invenções capazes de transformar a humanidade", afirmava Marta ao iniciar a sessão de encerramento de uma dessas magníficas oficinas. Uma invenção tão poderosa como o fogo e a roda. E estava tão convencida quanto eu.

A escuta tem o poder de arrancar para a luz a vida que enterramos nas trevas do medo de sermos julgados. A escuta liberta da solidão emocional em que vamos morrendo quando não somos capazes de partilhar o que perturba nosso coração. A escuta ilumina as veredas escuras que fomos construindo com os nossos pensamentos irracionais, alimentando os sentimentos que tanto nos fazem sofrer secretamente. A escuta faz com que se dilatem os pulmões de quem já estava se afogando na própria respiração contida. A escuta relaxa os músculos da rigidez de lógicas incapazes de nos inocularem paz na alma.

A escuta é a lanterna que permite iluminar a pedra em que podemos tropeçar ou na qual já tropeçamos e queremos retirar do caminho. A escuta é aquele unguento que amacia as durezas geradas ao longo do tempo em zonas não acariciadas. A escuta é o óleo que lubrifica o mecanismo da relação, quando sentimos vergonha da nossa história. A escuta é o pincel que restitui a cor ao quadro da nossa vida que já voltara ao preto e branco. A escuta é aquela varinha de condão que dá o toque de magia entre duas pessoas que são capazes de se encontrar intimamente e gerar saúde.

Quem escuta presenteia o outro com a sua pessoa, com o seu interesse incondicional por ele. Quem escuta acaricia e reconhece a dignidade da pessoa que tem diante de si. Quem escuta joga com todos os sentidos ao redor de uma vida já escrita, que deseja ser lida, e se aventura a continuar escrevendo-a. Quem escuta mete-se na misteriosa confusão de se encontrar verdadeiramente com os outros... e consigo mesmo refletido.

Não pode haver visita saudável ao doente que não esteja impregnada dessa disposição para a escuta.

A escuta é uma arte

Assim como há uma arte de bem falar, existe igualmente uma arte de bem escutar. Temos de reconstruir a comunicação entre as pessoas e de reconquistar o seu poder terapêutico. Demasiadas relações, profissionais ou não, caracterizam-se pelo silêncio invadido pela tecnologia e pelas palavras e imagens de outros. Não daquele silêncio que é o caminho que se tem de percorrer para chegar a alguma coisa significativa, mas do silêncio ignorante que desconhece que só é autêntico o caminho em direção à sabedoria, o caminho em direção à escuta.

Com a palavra, o ser humano supera os animais; mas, com o silêncio, supera a si mesmo se, desse modo, entrar em contato consigo mesmo e com os outros. A escuta é a arte de se abster de demonstrar com as palavras que não se tem nada a dizer. É a arte de carregarmos às costas, acolhendo com um interesse autêntico, a experiência alheia, pessoal e misteriosa.

A escuta é a arte de exercer a humildade relativamente ao nosso critério ou à percepção do outro, a possibilidade de descobrir algo novo, de iluminar algo tenebroso, de nascer ou renascer no outro, para o que podemos voltar a ser ou para começar a ser alguém. Uno-me àquela expressão tão forte do psicólogo e desenvolvedor da Abordagem Centrada na Pessoa, Carl Rogers: "Se um ser humano o escutar, estará salvo como pessoa". Uno-me a Maria, que me fala de muita gente sobre quem ela diz que, graças ao fato de tê-la ouvido, "estava morta e ressuscitou". E, uma vez mais, também me uno ao filósofo pré-socrático Zenão de Eleia: "Lembrai-vos de que a natureza nos deu dois ouvidos e uma só boca, para nos ensinar que mais vale ouvir do que falar".

Não há dúvida de que esse é o elemento mais importante para visitar o doente, esteja ele onde estiver.

O que faz mal, o que faz bem

O que faz mal

► Interromper o discurso de quem está desabafando.

► Moralizar sobre a conduta do visitado.

► Dar a entender, a quem visitamos, que já sabemos o que nos conta porque já disse a mesma coisa em outra ocasião.

O que faz bem

► Mostrar com o nosso olhar que mantemos a atenção centrada na pessoa e não apenas no que diz.

► Manifestar interesse genuíno pela pessoa que desabafa, dando valor a seus sentimentos.

► Manter o silêncio sem o interromper, mesmo que, às vezes, se prolongue. Escutar o seu significado concreto naquele momento particular.

6

A chave do silêncio (e escutar o silêncio)

> Em primeiro lugar, ponhamos Sócrates de lado,
> porque já estou farto desta invenção
> de que não saber nada é um sinal de sabedoria.
>
> *Isaac Asimov*

"Ensinam-nos a contar mitocôndrias até com os dedos dos pés, mas não nos ensinam a escutar." Estava escrito na porta do salão nobre da Faculdade de Medicina, cuja Associação de Estudantes tinha me convidado a fazer uma conferência sobre a escuta. E suspeito... que tinha razão. É óbvio que quem não sabe escutar é porque não sabe fazer silêncio. O ruído interior invade e obstaculiza o acolhimento. A qualidade da visita ao enfermo relaciona-se intimamente com a capacidade de o visitante saber fazer um silêncio salutar.

Escutar é uma arte. É quando a mensagem chega até nós cifrada através das palavras, com um tom diferente e acompanhada de gestos. Mas é mais difícil ainda fazer silêncio e escutar ao mesmo tempo. Contudo, em determinadas situações, a mensagem mais importante é veiculada através do silêncio eloquente.

Escutar o que não se ouve

Algumas vezes, nas pessoas que tencionamos ajudar, o nosso silêncio significa "Estou preocupado", outras vezes: "Tenho medo", ou talvez: "Não me atrevo a contar o que sinto" e mil outras mensagens podem estar ocultas nele. Como é expressiva a frase que Tolstói põe na boca de Ivan Ilitch no leito de morte: "O meu silêncio estorva-os. Eu era como uma garrafa de boca para baixo, cuja água não pode sair porque a garrafa está demasiado cheia".

Só é capaz de escutar o silêncio quem lida com os seus sentimentos e, sobretudo, com a impotência experimentada ao captar a densidade comunicativa do silêncio no meio do sofrimento. Porque provavelmente também será verdade no tempo da doença e da dor que "os rios mais profundos são sempre os mais silenciosos", como dizia Cúrcio.

Pode-se aprender a escutar o silêncio, tal como se aprende a escutar a palavra.

Um discípulo, antes de ser reconhecido como tal pelo seu mestre, foi enviado para a montanha para aprender a *escutar* a natureza.

Ao fim de algum tempo, voltou para dar conta ao mestre do que tinha percebido.

– Ouvi o piar dos pássaros, o uivo do cão, o ruído do trovão...

– Não – disse-lhe o mestre. – Volte de novo à montanha: ainda não está preparado.

Pela segunda vez deu conta ao mestre do que tinha percebido.

– Mestre, ouvi o ruído das folhas agitadas pelo vento, o canto da água no rio, o lamento de uma cria sozinha no seu ninho.

– Não – disse-lhe novamente o mestre. – Ainda não. Volte outra vez à natureza e escute-a.

Por fim, um dia...

– Mestre, ouvi o bulício da vida que irradiava do sol, os queixumes das folhas ao serem pisadas, o latido da seiva que subia no caule, o tremor das pétalas ao abrirem-se acariciadas pela luz.

– Agora, sim! Venha, porque *escutou o que não se ouve.*

Efetivamente, por vezes, o silêncio é o ruído mais forte que podemos escutar, podendo até atordoar-nos com a sua intensidade, com o impacto emocional que é capaz de produzir em nós, se lhe prestarmos verdadeira atenção.

Responder com o silêncio

Mas, se escutar o silêncio é uma arte que exige que se desenvolva uma atitude contemplativa, de atenção plena, manejar o silêncio é ainda mais difícil do que manejar a palavra. Por isso, um provérbio indiano diz: "Quando falar, esforce-se para que as suas palavras sejam melhores do que o silêncio". E também deixa claro outra sentença: "Quando bastar uma palavra, evitemos o discurso; quando bastar um gesto, evitemos as palavras; quando bastar um olhar, evitemos o gesto, e quando bastar um silêncio, evitemos até o olhar".

Fazer um bom uso do silêncio é uma condição que só os sábios sabem administrar e aplicar. Com razão se diz que não existe nada mais poderoso que a palavra e que, se com a palavra mostramos a nossa supremacia em relação aos animais, com o silêncio podemos mostrar a nós próprios que somos melhores.

Efetivamente, o silêncio pode querer dizer: "Estou com você", "vou ajudar você", "não sei o que dizer a você, mas conte comigo". Não falemos se o silêncio for acompanhado de um olhar cúmplice ou carinhoso, ou compassivo; ou se for acompanhado de um gesto amável, de um abraço sincero. Então, o seu poder multiplica-se exponencialmente. Converte-se em palavra penetrante com poder de confortar e de aliviar quem se encontra no meio do sofrimento.

Quando se responde com o silêncio também se pode aprender. Com toda certeza, o elemento fundamental é o autocontrole emocional, a disciplina dos impulsos, a paz com a nossa impotência, a relativização do nosso critério, a empatia com o mundo interior do outro.

Há um tempo para tudo. Também para nos calarmos. Assim o deixava bem claro Calderón de la Barca em *La vida es sueño:* "Quando tão torpe a razão se acha, melhor fala, senhor, quem melhor cala". E não é simplesmente quem cala, mas quem *melhor cala*, porque é claro que nem sempre o silêncio é a resposta adequada.

O silêncio inoportuno

Se o silêncio for eloquente, também pode ser esconderijo da palavra devida. Pode ser a posição mais segura para quem desconfia de si mesmo. A falta de denúncia, de crítica oportuna, a ausência de informação, a conspiração de silêncio, o calar-se no lugar de uma resposta... são situações em que não somos donos da comunicação e em que o silêncio é uma falta a um dever.

"Não há pior desprezo do que não demonstrar apreço", diz a sabedoria popular. É o que acontece algumas vezes com o silêncio. Nietzsche dizia: "Numa polêmica, a maneira mais desagradável de replicar é se aborrecer ou se calar, pois, em geral, o agressor interpreta o silêncio como um desprezo". Sim, com ele podemos fugir da conversa comprometedora e esconder-nos atrás do cômodo silêncio que nem arrisca nem confronta, nem se coloca onde pode incomodar, o que, às vezes, é necessário.

E Santa Catarina de Sena protestava contra essa atitude, dizendo: "Basta de silêncios! Gritai com cem línguas! Porque, por se ter calado, o mundo está podre!". O mesmo acontece com algumas relações por falta da palavra oportuna, da palavra solicitada ou do presente – embora, por vezes, incômodo – da palavra.

Na visita ao doente, o contato, o olhar, a palavra e o silêncio são elementos de uma sinfonia que pode tocar a melodia ao ajudado ou desafinar e transformar-se em pratos que atordoam.

Paradoxo, contradições, temor ou segurança; refúgio caloroso e inexpugnável; ameaça ou medo... Algumas vezes, é muito cômodo e normal; outras, pode chegar a ser refinado e custoso... Pode provocar muita paz e pode até ser um punhal afiado... No entanto, é bem verdade que, se a palavra é de prata, o silêncio é de ouro.

O que faz mal, o que faz bem

O que faz mal

▶ Evitar os silêncios e ocupar todo o tempo com palavras, embora estas não interessem ao visitado.

▶ Censurar o doente que não fala com expressões como: "Mas por que está calado? Fale alguma coisa".

▶ Conversar com outro, que não o paciente, sem nem sequer perguntar como ele está.

O que faz bem

▶ Ser capaz de dizer: "Não sei o que dizer, mas conte comigo".

▶ Ter a certeza de que o que se diz é melhor do que o silêncio.

▶ Fazer silêncio interior, sem manter diálogos internos. Evitá-los, concentrando a atenção em quem sofre.

7

Como falar com o doente?

Medir as palavras não é necessariamente
adoçar a nossa expressão, mas ter previsto
e aceitado as consequências delas.

Abraham Lincoln

"Quando tenho de fazer um discurso de duas horas, gasto
dez minutos a prepará-lo. Quando se trata de um discurso de dez minutos, então levo duas horas..." Foi Winston
Churchill quem o disse. Interrogo-me sobre quanto tempo
nós, os agentes de saúde, os voluntários, os próprios familiares... gastamos preparando-nos para nos dirigirmos aos
pacientes e aos seus familiares, dado que o tema que vamos
tratar é sempre delicado e costuma estar carregado de uma
grande dose de emotividade.

Lembro-me de ter escutado numa conferência que,
para falar com o paciente, seria necessário estudar oratória.
Fiquei surpreso, pois não sei se aquele homem que falava
tão bem estava censurando a si próprio ou se dizia alguma
coisa que eu não era capaz de compreender. E ainda menos
nos tempos que correm, em que a oratória prima pela sua
ausência no mundo todo.

A oratória dos gregos

A oratória, entendida como arte de bem falar seguindo determinadas regras, tem a sua origem na Grécia, mais especificamente na antiga filosofia grega. Naquele tempo, a oratória fazia parte da formação cultural e foi objeto de estudo para muitas pessoas, em cuja profissão estava incluída a arte de falar em público.

Contrastando com essa realidade, hoje a oratória é empregada mais especificamente em campos como o Direito, a Administração, o Marketing, setores privados, meios de comunicação e, salvo exceções, nunca é parte de um treino educativo permanente.

Na Grécia, destacaram-se os sofistas no século IV a.C. que, ao contrário de Sócrates – que utilizava a maiêutica, a arte de interpelar dialogando –, se interessavam pela arte de convencer através da palavra.

Mas, se hoje disséssemos que a oratória é exclusivamente a arte de convencer, seríamos parciais. Na realidade, poderíamos pensar nela como a destreza que se ocupa da forma como uma pessoa expressa e transmite a sua mensagem com o desejo de que esta seja eficaz, com o afã de persuadir, mas sem manipular ou subestimar quem escuta.

Mas aquela arte tão cultivada na antiguidade está muito longe das profissões da saúde. Basta passar por uma faculdade de Medicina ou por uma escola de Enfermagem e ver como se comunicam nas aulas tanto os professores como os alunos. Um colorido Power Point que se lê (se o tamanho da letra for suficientemente grande) substituiu a arte de comunicar com entoação, de explicar com paixão, de provocar interesse pelo tema, de interagir... Já ouvi diversos grupos de alunos de Medicina dizerem que estão fartos do Power Point que permite que um professor "chegue e leia" os seus slides e obriga os alunos a escrever a toda velocidade.

E fica longe das profissões da saúde aquela arte tão cultivada em outros tempos de sentar junto do paciente ou com os seus familiares e falar durante alguns minutos – nem tantos assim! – sobre o que está acontecendo, o que está em jogo no mundo pessoal e social do paciente. Laín Entralgo, médico, historiador e filósofo espanhol, chamaria de "amizade médica"?

O poder da palavra

Contudo, ninguém porá em dúvida o poder da palavra nas relações que se estabelecem no mundo da saúde, na visita ao doente. A eficácia de um tratamento, a fidelidade ao seu seguimento, o impacto emocional de uma notícia ruim, a reação de uma família diante de um fracasso ou de uma situação inesperada e muitas outras questões dependem muito do modo como os agentes de saúde manejam a comunicação e utilizam a palavra. Por isso, também a oportunidade de uma visita de um familiar ou de um amigo é diretamente proporcional à arte de usar a palavra durante ela.

Porque a palavra tem um poder impressionante. Com ela construímos uma espécie de auréola em volta de nós e do que dizemos. Com ela inspiramos confiança ou desconfiança, atraímos ou repelimos, geramos atenção ou aborrecemos, fazemos pensar ou matamos a curiosidade. Com ela fazemos rir ou chorar, geramos indiferença ou sentimentos intensos.

Com a palavra, damos vida ou geramos morte. Porque ela tem, de fato, o poder de uma espada afiada.

A experiência demonstra que a palavra chega a ter tanto poder que dela pode depender a vida ou a morte, o que com simplicidade ilustra esta fábula levemente modificada e recolhida no livro *Regálame la salud de un cuento:*

> Um grupo de rãs viajava pelo bosque quando, repentinamente, duas delas caíram num buraco muito fundo. As rãs reuniram-se à volta do buraco. Quando viram a sua profundidade, disseram às duas rãs que estavam no fundo que, para todos os efeitos, poderiam considerar-se mortas.
>
> Mas as duas rãs não fizeram caso dos comentários das suas amigas e continuaram a saltar com todas as suas forças para sair do buraco. As outras rãs insistiam que os seus esforços eram inúteis. Por fim, uma das rãs atendeu ao que as outras diziam e desistiu. Foi tal o seu abatimento que morreu. A outra continuou a saltar o mais alto que podia. Em certo momento, as rãs gritaram que ela parasse de sofrer e simplesmente aceitasse a morte. Mas a rã saltou com ainda mais força até que saiu do buraco.
>
> Quando chegou lá cima, as outras rãs perguntaram-lhe:
>
> – Não ouviu o que lhe dizíamos?

A rã explicou-lhes que era surda. Tinha pensado que as outras estavam animando-a para que se esforçasse cada vez mais para sair do buraco.

Usar bem a palavra

É difícil fazer recomendações sintéticas para se usar bem a palavra quando visitamos um doente, de modo que elas não corram o risco de se converterem em meras receitas de quase nenhuma eficácia.

Contudo, há elementos importantes para o sucesso, como falar com segurança – sem arrogância! –; exprimir claramente a mensagem – sem tecnicismos desnecessários –; conhecer a audiência e suas características – mesmo na comunicação a dois –; fazer sínteses; verificar se estamos sendo entendidos; falar ordenadamente e, sobretudo, preparar muito bem o tema.

Começar por um "não", usar muitos "poréns", que com frequência anulam tudo o que foi dito anteriormente, usar um tom monótono, não olhar para a pessoa, desconsiderar a linguagem não verbal e o contato físico e muitas outras variáveis podem arruinar a eficácia da comunicação na visita ao doente.

Um visitante poderá ser sábio, muito inteligente, amável e meigo, e muitíssimo erudito; mas, se não se interessar por algo mais do que a informação, por algo mais do que a dimensão racional e as perguntas, a sua visita ao doente perderá muito do seu valor pessoal.

Em contrapartida, as razões claras e palpáveis, expressas com simplicidade, mas ditas com o coração e ao coração, gerarão uma atração que facilitará a consecução do objetivo da visita. Na tensão entre razão e coração, o coração costuma ganhar a batalha, especialmente quando a fragilidade humana surge de repente.

Tanto a escassez quanto o excesso de informação são variáveis que não inspiram segurança no paciente e nos familiares. Não parece uma boa motivação transmitir incertezas para que, haja o que houver, saibam que "já estavam avisados".

Garantir com um olhar firme que se está fazendo todo o possível, que se tem um verdadeiro interesse, um interesse desinteressado, que a palavra não é uma armadilha, mas a encarnação da própria pessoa em busca do bem, gerará saúde no destinatário e, com toda a certeza, também em quem estiver falando.

Em todo caso, não haverá melhor palavra na boca de um visitante de um doente do que a que nasce do coração e se concentra na pessoa do visitado, nos seus mais genuínos interesses daquele momento, nas suas necessidades e possibilidades reais.

O que faz mal, o que faz bem

O que faz mal

▶ Usar muitas vezes expressões como: "Sim, mas…".

▶ Usar palavras técnicas que mostram conhecimento da Medicina ou de uma doença concreta, mas que o doente possivelmente desconhece.

▶ Não informar o doente com medo de que ele sofra quando souber.

▶ Tratar inconscientemente o paciente como se fosse uma criança.

O que faz bem

▶ Usar um tom simples, natural, sem tópicos nem arrogância, o mesmo que usaria se o outro não estivesse doente.

▶ Manter uma comunicação e um trato de igual para igual, sem paternalismos.

▶ Falar sinceramente, com o coração.

8

O poder terapêutico do contato físico

O encontro de duas pessoas é como o contato
de duas substâncias químicas:
se houver alguma reação,
ambas se transformarão.

Carl G. Jung

Ninguém pode duvidar de que entre o contato físico e a saúde há uma estreita relação. Com ele diagnostica-se (ou talvez se diagnosticava), através dele realizam-se tratamentos, por ele contagiam-se pessoas, alguns transtornos psicológicos são consequência de contatos físicos indesejados – abusos –, com ele se contribui para a reabilitação... Se bem utilizado, reconhecemos-lhe a categoria de chave para a visita ao doente.

É claro que as carícias não são a mesma coisa que o contato físico. Assim como as carícias não se reduzem às que damos mediante o leve roçar com a mão na pele, também nos *acariciamos psicologicamente*.

Ambiguidade

Tanto o contato físico como as carícias têm um significado ambíguo. De fato, o contato físico pode provocar, assim como também as carícias, o melhor e o pior. Ambos têm em si mesmos um potencial terapêutico e um potencial destruidor.

Uma carícia física indesejada pode tornar-se um abuso que deixará uma marca para a vida inteira. Um contato físico inoportuno ou violento pode destruir e gerar males físicos e psicológicos. De fato, essa ambiguidade é reconhecida desde os tempos antigos. O juramento de Hipócrates, próprio dos médicos desde o século IV a.C., já dizia: "Quando eu entrar numa casa, não levarei outro propósito além do bem e da saúde dos doentes, tendo muito cuidado para não cometer intencionalmente faltas injuriosas ou ações corruptoras e evitando principalmente a sedução das mulheres jovens, livres ou escravas". Reconhecia-se que o tipo de relação próxima e íntima que se pode gerar em situações terapêuticas poderia levar a abusos que se têm de evitar a todo custo.

Contudo, ainda no âmbito da visita às pessoas doentes, incapacitadas ou que sofrem por qualquer causa, o poder terapêutico do contato corporal é muito importante, principalmente na prática da reabilitação, da fisioterapia, das massagens e nas capacidades que alguns médicos têm de detectar certos males pelo tato e pela cirurgia. E não há dúvida de que o mesmo acontece numa visita a um doente, quando bem dosado e oportuno.

Também as carícias psicológicas têm poder, embora possam tornar-se ambíguas. Como estímulos sociais dirigidos de um indivíduo a outro para satisfazer a necessidade de sermos reconhecidos, especialmente estudadas pela análise transacional, podem veicular reconhecimento saudável ou mostrar a imaturidade de quem as faz, jogando com elas ou satisfazendo as suas carências afetivas pessoais. Por isso, aqui se fala de carícias positivas e negativas, adequadas e inadequadas, proporcionais e desproporcionais.

Carícia e equilíbrio

Todavia, quando o contato físico se torna em uma carícia sadia na sua motivação e oportuna no seu momento e destinatário, pode constituir um remédio e um alívio para o sofrimento e também ser muito bem-vinda na visita ao doente em forma de abraço, de carinho, de beijo ou de palavra que acaricia.

Excetuadas as pessoas que recusam carícias físicas porque não se sentem à vontade ao recebê-las (sabe-se lá o que já terão vivido!) e as que se sentem incomodadas com ter de fazê-las (quem sabe o que se passa com elas!), as carícias constituem uma demonstração carinhosa de amor e de reconhecimento, de apreço e de mimo pelo toque suave da mão no corpo de uma pessoa.

Segundo algumas investigações, o corpo humano tem uma rede neuronal especializada em interpretar a carga emocional de uma carícia. A rede é independente dos neurônios do tato e só se ativa quando eles percebem amor, o que revela a importância que a natureza outorga à ternura nas relações humanas. Essa rede neuronal permite que, por exemplo, um bebê perceba o amor dos seus pais antes de nascer e constitui o fundamento das relações de casal, familiares e sociais.

Com efeito, poderíamos perguntar a nós mesmos o que aconteceria com uma pessoa que não acaricia nem é acariciada. A sua afetividade e o seu equilíbrio emocional não iriam muito longe.

Pensemos inclusivamente no valor saudável das cócegas, um tipo particular de carícia próprio de ambientes íntimos que, além de fazer rir, permite um momento para desfrutar em companhia e, na justa medida, oferece uma sã distensão. O bem-estar e o contato corporal que se produzem nas cócegas fortalecem os laços emocionais ao permitirem um momento de intimidade, a que se juntam os efeitos terapêuticos do riso, tanto para os adultos como para as crianças. Todos sabem que rir aumenta a imunidade.

Talvez o Reiki, que produza certo conforto mediante a imposição das mãos, possa encontrar o seu sentido em tudo o que caracteriza o tipo de relação global de quem, com as mãos e numa atmosfera de relaxamento, deseja o bem do outro.

A carícia solidária

Assim como a carícia física pode exprimir ternura e carinho com as crianças e os mais velhos ou, até, erotismo e prazer carnal, assim também pode ser uma expressão de solidariedade.

A carícia física solidária toca na pele física do doente, do moribundo, de quem sofre; recolhe lágrimas e seca suores, dissipa medos de solidão ou de abandono e restaura equilíbrios internos.

A carícia solidária toca não somente na pele física, mas também na pele emocional de quem sofre. Com suavidade, alivia as pessoas, as vidas e as histórias que, sem o desejar, estão marcadas pelo sofrimento.

Em tempos de fragilidade ou de sofrimento, a carícia representa a alternativa à linguagem verbal e também pode simultaneamente completá-la e apoiá-la concretizando-se desse modo a atitude empática desejável na visita ao doente.

Bem usada, a carícia solidária é também um recurso elegante quando não se têm outras capacidades ou experimentamos as nossas limitações, evitando o risco do "tapinhaterapia", isto é, dos tapinhas nas costas que traduz um ternurismo piegas em lugar de uma ternura verdadeira. Por isso, para não ser invasiva nem superficial, a carícia deve ser oportuna e autêntica, respeitosa e livre.

Pensemos no mal-estar provocado pelas mudanças da imagem física como consequência da doença. Ou no luto pela perda da imagem que se tinha do próprio corpo. Ou na mulher que sofreu uma mastectomia. Ou na pessoa idosa cuja suavidade epidérmica se tornou irmã da ruga. Ou na criança que nasce com uma deficiência. Ou no doente nos seus últimos dias ou horas, que já não se pode tocar estando entregue aos cuidados máximos dos outros. Para todos eles, a carícia é um fármaco do espírito, restaurador do coração ferido ou que trabalha aos solavancos.

No entanto, a carícia também pode ser confrontadora; isto é, pode fazer com que quem sente que ninguém o quer ou ninguém se importa com ele veja que, naquele preciso momento, está sendo bem atendido e se interessam por ele.

A carícia solidária eleva a beleza interior, a beleza da dignidade do ser humano, acima da beleza física.

Tocar na fragilidade, tocar oportunamente durante a visita ao doente, levanta o ânimo, reconstrói a autoestima e previne o isolamento. Não se pode viver humanamente sem acariciar-se. A carícia solidária humaniza, porque dá vida e gera saúde.

O que faz mal, o que faz bem

O que faz mal

- ▶ Saudar dengosamente e manter contatos físicos que não são habituais no paradigma relacional habitual com o enfermo.

- ▶ Invadir a dimensão física vulnerável ou afetada pela doença, tanto física como visualmente.

- ▶ Desvalorizar psicologicamente a pessoa por não estar à altura do "poder fazer".

O que faz bem

- ▶ Mostrar proximidade e ternura sinceras e respeitosas com o nosso contato físico.

- ▶ Usar a linguagem verbal para valorizar a pessoa (carícias psicológicas), acima dos limites impostos pela doença.

- ▶ De acordo com a percepção do outro, segurar a sua mão, acariciar o rosto, abraçar sinceramente.

9

As perguntas na visita ao doente

Se quiseres ser sábio,
aprende a interrogar com razoabilidade,
a escutar com atenção, a responder serenamente
e a calar-te quando não tiveres nada para dizer.

Johann Kaspar Lavater

Em diversas ocasiões tive a felicidade de acompanhar famílias durante os últimos momentos dos seus entes queridos. A felicidade, digo eu, porque posso apreciar o valor de viver em chave de amor, de esperança e de fé. Em diferentes ocasiões, num ritmo quase de apneia de quem vivia as suas últimas horas, com as mãos dadas à volta da cama, orei com os familiares com grande simplicidade, exprimindo simultaneamente em voz alta o que habitava no nosso coração.

Em outros núcleos familiares, ouvi o lamento por causa de uma situação demasiado longa, expressões de intolerância em relação ao processo e ao dinamismo da espera, em contemplação do mistério.

Não sou partidário da cantilena que ouço frequentemente: "Já se perderam os valores". Não, não creio que se tenham perdido. Devem estar em algum lugar. É provável que precisemos de uma provocação para que a sua manifestação explícita, a sua impregnação da realidade de maneira efetiva, se tornem luminosas e transformadoras. É provável que necessitemos de algum *Pequeno Príncipe*, como o de Saint-Exupéry, que seja capaz de resgatar com simplicidade as perguntas que atraem valores.

As perguntas na visita

Uma das experiências desagradáveis do tempo da enfermidade é ver os profissionais ou os voluntários, que querem estabelecer relações de ajuda, transformados em investigadores, crivando os doentes com perguntas inoportunas, moralizantes ou de mera curiosidade, não respeitando o ritmo nem o protagonismo que deveriam marcar a pauta do encontro.

Pois bem, na atualidade, entre o estilo interrogatório e o *laissez-faire* que pode levar a um silêncio não eloquente, podem encontrar-se as perguntas maiêuticas que evocam valores.

Na sua sabedoria aparentemente ingênua, formalmente quase infantil, mas radicalmente profunda, o Principezinho nunca renunciava a uma pergunta que tivesse formulado. Uma clara curiosidade permite-lhe "viajar" pelos planetas; goza do conhecimento, da relação que lhe permite descobrir pessoas e coisas novas. Interessa-se pelas principais razões, que expõem ao ridículo muitas condutas superficiais. Desse modo, o Principezinho desvenda os valores mais genuinamente humanizadores e capazes de dar sentido à cotidianidade da diversidade de situações encontradas.

Não se cansa de repetir que "as palavras maiores são muito estranhas", mostrando assim que o orgulho e a ânsia de poder (planeta do rei, a quem todos têm que servir); a vaidade (planeta do vaidoso, que vive em busca de louvores); o vício (planeta do homem bêbado, que bebe para esquecer que tem vergonha de beber); a ganância (planeta do homem de negócios, que não tem tempo para nada, só para contar milhões de estrelas); a preguiça de pensar (planeta do acendedor de lampião, que segue os regulamentos sem refletir sobre eles); a soberba (planeta do geógrafo, que se acha mais sábio que os outros); a racionalidade técnico-científica (planeta Terra, onde as pessoas são sérias e prezam a produtividade)... tudo isso deve ser questionado a partir da sadia ingenuidade que procura a verdade.

Precisamos de *Pequenos Príncipes* nos processos de relação de ajuda que encontrem as perguntas-chave para provocar o surgimento do realmente importante, das pérolas de valor que também aparecem na estação do sofrimento, da doença e da crise. Precisamos de principezinhos que intermedeiem o mistério, para desvendar as possibilidades de sentido e de valor.

Frankl e os valores

O conhecido e generosamente citado Viktor Frankl, psiquiatra vienense que passou pelos campos de concentração nazistas, diz na sua obra *O homem em busca de um sentido:* "Éramos quase incapazes de captar a realidade autêntica da nossa condição e nos escapava o significado dos acontecimentos". Que sentido teria viver naquelas circunstâncias? É uma pergunta que – com o seu Pequeno Príncipe interior – consegue formular para revelar a luz que ilumina a escuridão do sofrimento e não permite que a desesperança acabe por dar cor à vida.

De fato, Frankl elabora uma tese sobre os valores que dão sentido à vida.

Primeiro, os valores criativos. Segundo, os valores de relação e de experiência. E terceiro, os valores de atitude. Por exemplo, um doente viveu sucessivamente esses três valores de forma singular. Era um ilustrador de publicidade; ao desenhar anúncios, vivia os valores criativos. Foi acometido por um tumor na parte alta da coluna vertebral e já não podia exercer a sua profissão nem, portanto, esses valores criativos.

No hospital entregou-se à leitura de bons livros, deleitava-se a ouvir música escolhida e animava os outros pacientes; então, passou a experimentar os valores vivenciais, quer dizer, dava sentido à sua vida acolhendo esse segundo tipo de valores.

Por fim, a sua paralisia progrediu tanto que já não era capaz de aguentar os fones. Na véspera da sua morte, sabendo perfeitamente o que o aguardava, o doente pediu que lhe dessem a injeção da meia-noite para que não tivessem de se incomodar levantando-se no meio da noite. Nas últimas horas da sua vida, esse homem não se preocupou consigo mesmo, mas com os outros. Foi a sua forma de encarar os valores de atitude.

Para Frankl, o ser humano é livre e possui a capacidade de escolher... O ser humano está sujeito a certas condições biológicas, psicológicas e sociais, mas depende de cada pessoa deixar-se determinar pelas circunstâncias ou enfrentá-las.

A última das liberdades humanas, a mais profunda, é a escolha da atitude pessoal que alguém decide adotar diante do destino para decidir o seu caminho.

Como comunicar os valores

Uma preocupação universal é como trabalhar para que os valores encarnem ao nosso redor, nos jovens e nos mais velhos, para que impregnem o modo de trabalhar, de cuidarmos reciprocamente de nós, para que nos humanizem.

Os valores têm uma via de acesso privilegiada por osmose, por diferença de concentração. Quer dizer, são interiorizados especialmente quando são experimentados. Por isso, não me apresento a quem se lamenta porque "se perderam todos os valores". Apresento-me a quem se compromete a trabalhar para que os valores se expressem de forma atualizada nos contextos e nos tempos em que nos movemos.

Porque os valores são, sobretudo, transculturais, transubjetivos e trans-históricos. Se os virmos assim, vamos nos sentir muito mais comprometidos a testemunhá-los do que a evocar nostalgicamente realidades que, no fundo, nunca existiram.

Na verdade, o que necessitamos é de uma mudança radical na nossa atitude perante a vida. Temos de aprender por nós mesmos e, depois, ensinar aos desesperados que, na realidade, não importa o que esperamos da vida, mas o que a vida espera de nós. Frankl dirá: "A nossa geração é realista, pois acabou por conhecer o ser humano como ele realmente é. Afinal de contas, o homem é esse ser que inventou as câmaras de gás de Auschwitz; no entanto, é igualmente o ser que entrou nas câmaras de gás de cabeça erguida, com o Pai-Nosso ou o *Shemá Israel* nos lábios".[1]

Que o Pequeno Príncipe volte com as suas perguntas, que impregne os espaços de vida, de adversidade, de sofrer e de morrer. Qualificaremos também assim as relações de ajuda.

---

[1] FRANKL, V. E. (2012). *O Homem em busca de um sentido*. Alfragide: Lua de Papel, p. 132.

O que faz mal, o que faz bem

O que faz mal

▶ Fazer perguntas doentias e íntimas sem verificar de que modo o paciente as vive.

▶ Converter a visita num interrogatório, mesmo que seja com boa intenção.

▶ Fazer perguntas fechadas, quando não são necessárias, e que obriga a responder sim ou não a uma pergunta que contém a resposta esperada: "Está melhor, não é verdade?".

O que faz bem

▶ Usar perguntas-chave para provocar o surgimento do que é realmente importante.

▶ Fazer perguntas abertas: "Como está?", "Há alguma coisa que o preocupa e que queira falar comigo?", "Quer que traga alguma coisa para você?".

▶ Quando for oportuno, mesmo que a visita se encurte, perguntar: "Quer que eu fique e lhe faça companhia? Se preferir descansar, eu vou embora".

TERCEIRA PARTE

Os objetivos da visita ao doente

Uma das perguntas mais sérias que podemos fazer a nós mesmos é: por que visitamos os doentes? Não, não é uma pergunta retórica. Não devemos pressupor que a sua motivação seja sempre clara.

De fato, há visitas que são claramente de compromisso, de cortesia; outras são vividas como obrigação, por causa do vínculo existente entre quem visita e o doente; também há visitas de curiosidade doentia, para contemplar a fragilidade alheia, quase como um *voyeur*; e também há – claro! – as visitas saudáveis!

São saudáveis as visitas que desejam humildemente se oferecer para assumir as necessidades que o outro possa ter: atenções materiais, ajuda física por causa dos limites impostos pela doença, companhia silenciosa na solidão, conversa que fortaleça a autoestima ou as lembranças, cultivo do afeto mútuo e expressão da solidariedade...

Haverá sempre um desafio para purificar as motivações da visita ao doente. O tempo de acompanhamento, o momento apropriado para a chegada, o tipo de conversa, o número de pessoas presentes na casa ou no quarto do hospital ou na clínica, o tom de voz e outras variáveis terão de ser ajustados em função da personalidade, da situação concreta e das necessidades do enfermo.

Nas páginas seguintes, exploramos somente alguns aspectos importantes dos objetivos da visita, tais como o acompanhamento na solidão, a categoria de empoderamento, que define o modo de olhar para quem vive as dificuldades da doença, o acompanhamento na mudança e o modo como se pode infundir esperança, acompanhar no perdão e na celebração. Esses não são todos os objetivos que as visitas ao doente podem ter, mas contêm alguns dos elementos essenciais dessas visitas.

10

Acompanhar na solidão

> Todos já experimentamos esse tempo
> doentio e vago, entediante e horrível,
> que mora na solidão não desejada.
>
> *Elena Ochoa*

O ser humano é um ser social por natureza desde o nascimento até a morte. Precisa dos outros para viver. A sua condição de fragilidade torna-o simultaneamente solidário e o põe em comunicação com os outros, não só para subsistir, mas também para evoluir na realização pessoal: para ser quem realmente é.

A realização do nosso ser social é facilitada nos diversos momentos da vida por diversas situações: ser criança e as reações que isso provoca nos outros, o processo de socialização e de educação próprio da escolarização e da educação, a formação de projetos vitais como a família ou outras opções de convivência, o exercício da profissão etc.

Experiência de solidão

A solidão surge da tendência imanente de todo ser humano de compartilhar a sua existência com outras pessoas.

Quando isso não ocorre, surge a vivência de se estar incompleto e a consequente tristeza. Isso pode acontecer durante a experiência da doença e, consequentemente, transformar-se num desafio para o visitante.

Na solidão, o ser humano anseia pela fusão com um "outro" e deseja a comunicação para a subsistência ou para conseguir a intimidade. Por isso, a solidão alimenta-se de uma sensação de vazio e da experiência de que "falta alguma coisa" de que se precisa, ou aparece quando o sujeito não encontra um "outro" para com ele se complementar ou por quem se sinta compreendido. Essa experiência pode acontecer na doença, mesmo quando há relação com pessoas (cuidadores, profissionais e familiares).

Todo ser humano tende para o encontro, para a relação vital e significativa com os outros, a fim de ocupar os seus espaços vazios previstos para o destino do seu ser relacional. Por isso, quando uma pessoa busca alguém e descobre que ninguém está disponível para ela, que ninguém satisfaz as suas necessidades – sejam de que natureza forem –, que ninguém se ocupa dela de uma forma especial e profunda, que ninguém se interessa verdadeiramente por ela ou que não há quem a procure ou espere por ela, inunda-se de pena e vazio.

Quando a pessoa comprova que não pode, que não tem opção para estabelecer esse contato humano que lhe permita ser quem é e de que todas as pessoas necessitam, então se instala a solidão.

Por conseguinte, solidão é a triste certeza de se sentir excluído, de não ter acesso – sabe-se lá por quê! – a esse mundo de interações ternas e profundas das quais, como todos idealmente acreditamos, todos os conviventes desfrutam. Portanto, a solidão é a constatação de que não se têm as oportunidades e as satisfações a que todos os demais têm acesso.[1]

Então, produz-se um "déficit relacional" ou de valor nas relações interpessoais que faz com que a experiência seja desagradável.

A doença é um desses momentos em que mais facilmente se pode experimentar a solidão. Por definição, essa etapa da vida anda acompanhada com uma sucessão de perdas, como o trabalho, o status social, a autonomia, algumas capacidades físicas etc., que facilitam a experiência da solidão.

Embora a solidão não produza sintomas externos graves, quem a vive afirma que se trata de uma experiência desagradável e estressante, associada a um importante impacto emocional, sensações de nervosismo e de angústia, sentimentos de tristeza, irritabilidade, mau humor, marginalização social, pensamentos de que se é recusado etc. Tudo isso faz da solidão dos doentes – às vezes pessoas idosas – um especial tema de estudo e de interesse, sobretudo para quem deseja ajudar a solucionar as necessidades desse grupo de pessoas.

---

[1] MADOZ, V. (1998). Solidão. Em: *10 palavras-chave sobre os medos do homem moderno*. São Paulo: Paulinas, pp. 293-294.

O que é a solidão

Embora estejamos falando da solidão especialmente como experiência subjetiva, não há somente um único conceito de solidão; por isso, convém que esclareçamos o termo.

Em princípio, a solidão é uma condição de mal-estar emocional que surge quando uma pessoa se sente incompreendida ou rejeitada por outros ou carece de companhia para as atividades que deseja, tanto físicas como intelectuais, ou para alcançar intimidade emocional.

No fundo, a experiência da solidão é a sensação de não se ter o afeto necessário e desejado, originando-se sofrimento, desolação, insatisfação, angústia etc., se bem que se possa distinguir entre isolamento e desolação, quer dizer, entre a situação de estar sem companhia e a consciência de que deseja estar acompanhado.

De fato, não é a mesma coisa estar só e sentir-se sozinho. Estar só nem sempre é um problema. Os doentes também precisam estar sós para se sentirem à vontade e não invadidos. Todos passamos algum tempo sozinhos, o que é bom para conseguirmos certos objetivos. Às vezes, desejamos estar sós porque certas coisas só podem ser feitas dessa maneira. É claro que a solidão desejada e conseguida não constitui um problema para as pessoas, inclusive os doentes.

Ao contrário, sentir-se sozinho é algo mais complexo e paradoxal, já que pode ocorrer mesmo quando estamos acompanhados. Nesse sentido, a solidão é uma experiência subjetiva que se produz quando não estamos satisfeitos ou quando as nossas relações não são suficientes ou não são como esperaríamos que fossem. É o caso da solidão experimentada pelo doente em dinâmicas de pacto de silêncio relativamente ao diagnóstico ou ao prognóstico. Na relação não há verdade; por isso, na suspeição e na desconfiança produz-se a experiência de solidão.

Também são relevantes alguns fatores sensório-motores, tais como os estados visual, auditivo e locomotor que, ao tornarem-se carências, dificultarão claramente as relações sociais[2] e podem gerar experiências de solidão nas relações.

Mas também não falta quem fale de "síndrome da solidão", definindo-a como um estado psicológico que é consequência de perdas no sistema de suporte individual, diminuição da participação nas atividades dentro da sociedade a que pertence e sensação de fracasso na vida.[3]

Mas também há aquela outra solidão voluntariamente escolhida para o desenvolvimento de uma vida interior que é vivida de maneira positiva, como pode ser o caso de alguns cientistas e escritores que sentem que precisam dela para desenvolver o seu engenho e a sua criatividade, embora nem sempre, quando é vivida, produza valores positivos. A propósito dessa solidão escolhida, Laín Entralgo diz: "Sem

---

[2] Cf. SÁNCHEZ, J. L.; BRAZA, P. (1992). Aislamiento social y factores fisicosensoriales en la depresión geriátrica. *Revista Española de Geriatría y Gerontología*. 27: 30.

[3] ÁLVAREZ, E. A. (1996). La amistad en la edad avanzada. *Geriátrika*. 12/6: 51.

essa experiência, somos e continuamos a ser pessoas, mas não sabemos o que somos". Portanto, a solidão seria também uma condição essencial e necessária do ser humano. Às vezes, durante a doença, pode-se experimentar o benefício trazido por certa experiência de solidão nesse sentido. Xavier Zubiri, filósofo espanhol, afirma que "quem se sentiu radicalmente só é quem tem a capacidade de estar radicalmente acompanhado".[4]

A visita e a solidão

Quando a solidão não é fecunda, nem procurada, nem desejada, é má companheira na enfermidade. Pode facilmente aumentar a concentração nos sintomas que produzem desprazer e esta, por sua vez, pode aumentar o mal-estar e até a percepção da dor física.

Uma boa companhia, aquela que sabe tanto ficar em silêncio como conversar, que sabe falar das preocupações ou cultivar as boas recordações, que sabe acolher sentimentos e permitir que fluam por entre as palavras e os gestos, ouvir histórias, projetos suspensos... Uma boa companhia assim é um remédio para o doente.

A solidão não se apaga com a distração imposta ao mudar de conversa ou com a linguagem exortativa, tão aprendida por osmose. A solidão partilhada perde a sua virulên-

---

[4] LÓPEZ, J. J. (1994). Aislamiento y soledad en las personas mayores. *Razón y Fe*, p. 32.

cia e morre quando a aceitamos como experiência, embora não seja situacional, mas emocional. A solidão não prejudica quando os pensamentos são controlados ou quando são compartilhados e se sente que as palavras e os significados são acolhidos sem ser moralizados, compreendidos sem se procurar a mera racionalidade da inteligência intelectiva. O que não é verdade, o que não se sente, também pode ser compreendido e acolhido na sua verdade experiencial.

A solidão não compartilhada influi no sistema imunológico, baixa as defesas, torna-nos mais vulneráveis e atrasa a recuperação. A companhia em que o doente se pode apoiar transforma-se numa âncora que fortalece a esperança. Às vezes, basta acompanhar o doente para fazer o que puder: iniciar o processo de recuperação da marcha lentamente, entreter-se com jogos que permitam a distração ou, simplesmente, estar presente enquanto se descansa, porque, de fato, também há pessoas que, na solidão, experimentam mais ansiedade e algumas não conseguem dormir com medo do escuro, que as fazem pensar em fantasmas ou na própria morte, embora não seja proporcional à intensidade do mal-estar.

Uma boa companhia na doença é um remédio que cura. Uma má companhia pode ser um agente patogênico.

O que faz mal, o que faz bem

O que faz mal

▶ Deixar um doente sozinho quando insiste que tem medo (do escuro, da solidão...), limitando-se a argumentar que não há motivo para isso.

▶ Acompanhar continuamente o doente, por temer que, ao ficar só, se sinta mal, mesmo quando ele afirma que está bem sozinho.

▶ Nunca se separar do doente por hiperproteção.

O que faz bem

▶ Usar sempre a interdependência como elemento essencial para a relação ajuda não só na dependência como também na codependência.

▶ Verificar explicitamente a intensidade de companhia que o paciente deseja ter.

▶ Não tentar distrair o paciente a todo o custo, porque ele pode querer silêncio e solidão.

11

Tornar mais forte, promover a responsabilidade

> Para motivar uma pessoa, o melhor é ouvi-la.
>
> *Anônimo*

Vivo na velha Europa, mas frequentemente vou à América Central ou do Sul. Convivo com variadas sensações nas diversas latitudes. O que na Europa é uma crise, em muitos países é um episódio. O que nessa latitude é um corte ou uma privatização da gestão dos centros prestadores de serviços de saúde, é coisa irrisória em lugares onde a segurança social só chega a alguns poucos. Aquilo que aqui é visto como um grande problema, lá é um desafio ou aspiração permanentes tendo por base a precariedade. E, no entanto, em todos os lugares o coração vibra com pulsações semelhantes no mundo da intimidade e do sofrimento experimentado na primeira pessoa.

E uma das alegrias que experimentei em várias ocasiões é precisamente a de constatar que, em El Salvador, estimulados pelo conhecimento do funcionamento do Centro de Escuta do Centro de Humanização da Saúde da Espanha, deu-se início a vários centros em hospitais e contam com o projeto de criação de outros. Apaixonados não só por aliviar a dor física, mas também por mitigar o sofrimento pessoal, tornando mais fortes as pessoas para enfrentar as dificuldades.

Não apenas se interessam em qualificar a visita ao doente, mas também em que o doente ou o familiar possa *visitar* alguém disposto a ouvi-lo dentro do mesmo hospital. Com que objetivo? Há pessoas que precisam disso e que, nessas visitas, encontram na escuta um reforço, alguém que olha para elas numa perspectiva de possibilidades e *tornam-nas mais fortes*, fortalecem-nas no meio da adversidade. Faz-lhes bem, ajudam-nas a curar-se, a atravessar salutarmente o sofrimento, a tomar decisões...

Um verbo antigo

"Empoderar"* é um antigo verbo espanhol que o *Dicionário da Real Academía Española* apresenta como equivalente antiquado de "apoderar". O novo significado atribuído a ele, e que já aparece no *Michaelis* é "investir(-se) de poder, a fim de promover ações que possam provocar mudanças positivas no grupo social". Segundo o Houaiss, "empoderamento" é "ato, processo ou efeito de dar poder ou mais poder a alguém ou a um grupo, ou de alguém ou um grupo tomá-lo, obtê-lo ou reforçá-lo; conquista pessoal da liberda-

---

* "Empoderar", embora não esteja registrado em dicionários de espanhol-português, traduzimos com o significado genérico de "tornar forte", de acordo com o *Diccionario de la Lengua Española da Real Academía Española*. [N.T.]

de pelos que vivem em posição de dependência econômica ou física ou de outra natureza; tomada de consciência dos direitos sociais desenvolvida pelos indivíduos ao poderem participar dos espaços de decisão".

No seu uso em contextos de ajuda e de aconselhamento, o emprego de "empoderar" e "empoderamento", que começou no âmbito da sociologia política, é cada vez mais extenso e evoca um dos significados centrais do que entendemos por relação de ajuda: acompanhar o outro de modo que se torne responsável pela sua vida, pelos seus recursos e pelos seus limites, enfrentando-os de forma a reforçar – mediante a relação – a sua capacidade de autogestão ou de viver salutarmente o que não pode mudar.

O que fazemos nos Centros de Escuta, o que ensinamos nos mestrados de aconselhamento e de intervenção no luto, na Espanha ou em quaisquer lugares do mundo, é precisamente isso: fomentar o poder que o outro tem de enfrentar por si mesmo as suas dificuldades e desafios. Trata-se de um objetivo fundamental da visita ao doente.

Não se deve pressupor que todos os estilos de uma pretensa ajuda se inspiram nessa perspectiva. Há pessoas que, ao pretenderem ajudar, exortam o doente, em tom fatalista, a aceitar a sua situação como normal. Também há quem não confie nos recursos alheios – talvez esses ajudantes andem de mal com a própria autoestima – e dê indicações sobre o que os outros têm de fazer, como se, por artes mágicas, conhecessem a solução.

"Empoderar" refere-se à necessidade que as pessoas têm de fortalecer as suas capacidades para controlar a sua vida. Também se pode interpretar o "empoderamento" como um processo político em que se garantam os direitos humanos e a justiça social a um grupo marginalizado da sociedade.

Promover a responsabilidade

Só se consegue uma mudança significativa no desenvolvimento de uma pessoa que sofre, quando os padrões de poder existentes forem diretamente questionados. Na linha oposta ao "empoderamento" estaria o fatalismo ou o vitimismo.

Quem ajuda o doente, a sua família, a pessoa em situação de exclusão social, na visita será tanto mais eficaz quanto mais puser no centro do seu objetivo este termo e o seu significado: o poder que o outro tem de fazer, de ser capaz, assim como de se sentir com maior controle das situações. Assim, diminuímos o sofrimento, fortalecendo a sensação de controle. Assim, promovemos a responsabilidade, quer dizer, a capacidade que cada indivíduo tem de dar uma resposta pessoal, mesmo na adversidade.

Segundo essa perspectiva, a pessoa tem um papel ativo e pode agir em qualquer situação de crise pessoal, relacional, imposta pela natureza ou pela condição humana. Essa noção opõe-se à ideia de que o indivíduo é um ser passivo da recepção de ajuda para se tornar um ator legítimo.

A responsabilidade pessoal do outro, promovida mediante o "empoderamento", incentiva-se quando se fomentam a autoconfiança, a segurança em si mesmo e a assertividade. A consciência de ter de dar uma resposta pessoal perante a adversidade e de ter poder para isso confere autoridade para tomar decisões, realizar mudanças e resolver problemas, bem como capacidade de se organizar com outras pessoas para alcançar uma meta comum.

Espectadores da vida

Nem todas as pessoas desejam "empoderar-se", tomar as rédeas da sua vida. Há pessoas que são capazes de dizer que não têm energia suficiente para fazer mais do que lhes dizem: "O que o senhor me disser, doutor"; "Diga-me o que tenho de fazer para sair desta".

O "empoderamento" tornou-se o paradigma das teorias do desenvolvimento que apostam no outro, que não se vitimizam nem deixam de acreditar nas possibilidades que guardam escondidas dentro de si e que só estão à espera de ser suscitadas, estimuladas. Esse conceito permitiu que os indivíduos e as sociedades que até então estavam à margem da tomada de decisões fossem para o centro das intervenções. No entanto, há obstáculos a que seja chave para o exercício da liderança, do acompanhamento das relações de ajuda... cenários onde se poderia esperar essa dinâmica relacional.

Dirão alguns que ser responsável não se improvisa, que algumas pessoas não foram educadas para alcançar a capacidade de ser independentes – ou sadiamente interdependentes –, para se valerem de si mesmas, para tomarem decisões e usarem a liberdade tendo por base o conhecimento das suas possibilidades.

Acompanhar alguém a ser responsável nas relações de ajuda é um processo longo e difícil, que se inicia na família e continua na escola e em outros ambientes sociais. Em todo caso, porém, é o centro do significado de ajudar através do relacionamento. No fundo, provocar na relação que o outro defina o que pretende alcançar é o início de uma caminhada em direção à meta.

Ser responsável ajudará a atingir metas e objetivos em qualquer esfera da vida. Não é um hábito fácil de adquirir quando sempre se acreditou que o que acontece é responsabilidade dos outros, quando sempre se viveu como espectador da vida, quando os comentários e críticas sobre tudo e sobre todos são recorrentes, mas há pouca vontade de ser o piloto da sua própria viagem. Há quem esteja disposto a pegar um avião em função da companhia a que pertence ou da sua cor, em vez de escolher de acordo com o destino. A arte de acompanhar alguém para definir o seu destino, o seu fim, a sua meta, o modo como quer viver – também a adversidade e o sofrimento –, é o coração da relação de ajuda. Saber o que se quer alcançar é o início de toda uma caminhada para meta.

O poder é uma espada afiada. Nas mãos do ego, mata; nas do artista, multiplica vida. Ajudar é também uma arte, quase também como fazer magia, pois só a faz quem crê nela. Assim também, quem visita o doente: a sua visita pode fazer magia com o poder sadio do encontro; se for mal-usada, vira um vírus que ataca o doente.

O que faz mal, o que faz bem

O que faz mal

- ▶ Assumir a responsabilidade de tomar decisões que o doente pode tomar.
- ▶ Usar o poder para gerir desnecessariamente a vida do doente.
- ▶ Tomar decisões no lugar do doente sem necessidade.

O que faz bem

- ▶ Promover a responsabilidade do doente na tomada de decisões.
- ▶ Identificar as áreas de força que o paciente pode adquirir para viver responsavelmente a doença.
- ▶ Estimular as capacidades que o paciente tem e favorecer o seu desenvolvimento máximo.

12

Acompanhar a mudança

> Embora esteja convencido de que nada muda,
> considero que é importante agir
> como se não o soubesse.
>
> *Leonard Cohen*

Também me vejo – com alguma frequência – em situações de mudança. E experimento as resistências, não apenas minhas, mas também daqueles que me rodeiam e a quem as mudanças reais ou possíveis afetam. Visitar o doente é também falar de acompanhar para a mudança. Às vezes, de maneira ilusória, achando que uma pessoa pode magicamente operar uma mudança em outra com uma simples receita. Mas, de fato, não é assim. Muitas pessoas experimentaram resistências, falta de motivação e até benefícios secundários de uma situação ruim, com a consequente dificuldade para a mudança. Aliás, também há quem não queira mudar, embora esteja mal como está. Por isso, essa é outra das tarefas fundamentais de quem visita um enfermo: motivar para a mudança.

Em todo o processo de mudança tem de haver uma desaprendizagem de alguma coisa e a aprendizagem de alguma outra verdadeiramente nova; a mudança não acontecerá se não houver motivação para isso. Portanto, uma das tarefas é a de motivar para introduzir mudanças. Ora, tanto o visitador como o visitado têm diante de si a possibilidade de mudar para melhor. Às vezes, o visitador tenta manipular ou coagir o visitado, quando não atende a indicações terapêuticas ou a condutas saudáveis. Outras vezes, o visitador nem sequer percebe que efetivamente a transformação nele próprio enfrenta resistências.

Resistências à mudança

A resistência à mudança é uma conduta observável que pode aparecer a qualquer momento do processo de mudança. Freeman indica as várias razões da resistência:

- A pessoa pode sentir-se incapaz de mudar. Pode haver pessoas que, por não terem formação, sintam que a mudança é uma ameaça, pois se julgam incapazes de aprender coisas novas.
- A pessoa pode duvidar da sua capacidade de sobreviver nessa nova estrutura ou com essa nova metodologia. É possível que, por não ter dados suficientes e perante a incerteza da novidade, ela tenha dúvidas sobre a sua capacidade de saber lidar com essa nova situação.
- O vínculo relacional entre o indutor de mudanças [e o doente] não está suficientemente desenvolvido.
- O indutor de mudanças pode não ter capacidade. Por vezes, a falta de capacidade para a comunicação e para

lidar com os conflitos dificulta ou entorpece os processos de transformação.

- As pessoas podem estar obtendo benefícios secundários. Às vezes, as pessoas resistem a determinadas mudanças porque implicariam a perda de benefícios secundários.
- As metas propostas são pouco realistas, pouco claras ou estão mal formuladas.

Daí a importância de que o visitante tenha presente a variável motivação, quer dizer, a probabilidade de que a pessoa inicie, confirme e se comprometa com uma estratégia específica para mudar. Portanto, se a pessoa não elaborou elementos motivadores que a levem a iniciar um processo de adesão, de busca da conduta mais saudável, de adaptação ao inevitável – em suma, de mudança –, não seguirá as nossas propostas porque não verá o problema; por isso, não se esforçará, porque necessitamos sempre de motivação para iniciar qualquer processo de mudança.

Entrevista motivacional

Os psicólogos Miller e Rollnick, no livro *La entrevista motivacional*,[1] concebem-na como uma maneira concreta de ajudar as pessoas a que se reconheçam e se ocupem dos seus problemas reais e potenciais. É particularmente útil usá-la com pessoas que são reticentes a mudanças e que se mostram ambivalentes em face da mudança.

---

[1] MILLER, W. R.; ROLLNICK, S. (2012). *La entrevista motivacional*. Barcelona: Paidós.

Na visita ao doente, o visitante não assume um papel autoritário, mas a responsabilidade recai sobre o ajudado. A psicóloga Barbara Okun diz: "Esse tipo de relação de ajuda é recíproco, quer dizer, a pessoa que ajuda considera-se igual à outra pessoa e não como um especialista ou mago".[2] Nesse caso, "igual quer dizer que a distância social é mínima e a responsabilidade do que acontece é mútua: as duas pessoas trabalham juntas para alcançar os objetivos acordados".

O psicólogo Carl Rogers afirma:

> A crença na autodeterminação e no poder pessoal do paciente supõe um distanciamento radical relativamente a outros estilos de terapia que dependem da autoridade do terapeuta e da sua qualidade de especialista. Parte de um valor profundo e de uma filosofia que considera as pessoas como as melhores especialistas do mundo em si mesmas e mais sábias do que os outros no que se refere às suas próprias necessidades.

Cremos que a mudança é sempre possível. Quando não se trata de empreender uma nova conduta pode tratar-se de uma nova atitude para viver sadiamente o sofrimento provocado pelas crises. A isso somos chamados quando não podemos superar ou fazer com que o sofrimento desapareça. Às vezes, a mudança que o visitante pode promover é ajudar a realizar um processo de integração do sofrimento, acompa-

---

[2] OKUN, B. F. (2010). *Ayudar de forma efectiva (counselling)*. Barcelona: Paidós, 2010.

nhar na transposição da pergunta "Por quê?" em "Como?". É a proposta que nos vem da logoterapia, da terapia mediante os valores proposta por V. Frankl.

A mudança é um processo

Os teóricos da mudança costumam evocar diferentes etapas e diversas estratégias para se utilizar em cada uma delas. Em primeiro lugar, teríamos de parar para analisar em que etapa da mudança se encontra o ajudado, a fim de intervirmos de maneira específica. Certamente não é a mesma coisa visitar alguém que tem um problema, mas não reconhece a causa, do que visitar uma pessoa que já reconhece a causa do seu problema e deseja introduzir mudanças, mas que precisa da nossa ajuda, já que sozinha não sabe realizar as referidas mudanças.

Outras pessoas já avançaram mais e começam a considerar que talvez tenham um problema, mas então surge a ambivalência. A pessoa admite e, ao mesmo tempo, rejeita a possibilidade da mudança.

Também há quem, depois de tomada a decisão da mudança, entre diretamente na etapa de ação seguinte. Isso significa determinação.

Há quem entre em ações de compromisso que o levam a introduzir mudanças nas suas condutas. O doente elabora, juntamente com o seu visitante, um plano de ação que o ajude a manter a conduta de mudança e se vá apercebendo das razões que tem para viver de maneira nova o seu sofrimento.

Também há uma etapa de manutenção em que o desafio consiste em manter a mudança alcançada e prevenir a recaída. As recaídas são normais e esperadas quando uma pessoa tenta mudar um padrão de conduta de longa duração. Há doentes crônicos que, por exemplo, encontram muita resistência em aderir aos tratamentos. Há outros que têm muita dificuldade em adaptar-se à dependência e deixar-se tratar por outros. Perante esse tipo de situações, a tarefa do visitante é ajudar a pessoa a evitar o desânimo e a desmoralização, renovar a determinação e prosseguir nas etapas de ação e manutenção.

Ocasionalmente, podemos encontrar situações incômodas, difíceis, que não sabemos como interpretar, já que é como se o outro atuasse contra a racionalidade ou os planos que se vão vislumbrando de forma sistemática. Pode tratar-se de desejos ocultos que teremos de desmascarar.

Talvez seja importante considerar sempre que, antes de iniciar qualquer processo motivacional, teremos de dar espaço à cura das feridas, para se poder olhar de frente para a dor, a fim de se dar um nome a tudo o que habita o interior do outro, de modo que a tristeza, o rancor e o ressentimento não se instalem na sua vida. Em todo esse processo, serão de grande utilidade as atitudes e capacidades próprias da relação de ajuda.

O que faz mal, o que faz bem

O que faz mal

- ▶ Manipular com mentiras para que o paciente adira a indicações externas, mesmo que sejam boas.

- ▶ Coagir com ameaças o paciente para provocar o seu consentimento.

- ▶ Não compreender as resistências às mudanças que se operam na vida do paciente.

O que faz bem

- ▶ Usar argumentos de peso e ponderá-los com o paciente para promover a mudança.

- ▶ Ajudar na mudança, buscando razões válidas para o paciente.

- ▶ Ajudar a pessoa a enfrentar o desânimo quando na mudança se têm recaídas e se retrocede em relação às decisões tomadas e não alcançadas.

13

Como infundir esperança

Desde que, há uns anos, li o testemunho de um doente, citado por Colombero no seu livro *La enfermedad: tiempo para la valentia*, gosto de citá-lo em conversas e conferências como convite à autenticidade e como provocação à reflexão sobre a esperança.

Diz assim: "Que razões tenho eu para esperar? Diz-me tu! Tu, que me conheces, diz-me o que ainda posso esperar de ti. Mas, sinceramente, não me gozes como todos os outros que apenas sabem dizer: "Verás que tudo vai ficar melhor!". O que significa "melhor" para mim? Tenho a certeza de que… ninguém pode imaginar o que passa em minha cabeça… Não posso ficar sentado nem ler. Já não me resta nada. Não me resta nada. E, mesmo assim, tenho de ter esperança. É o que querem. Além de estar desesperado, tenho de fingir que não estou. Diz-me o que faço com este mal. Há momentos em que não aguento mais! Tenho medo, mas desejo morrer de uma vez por todas. Diga-me, o que tenho de fazer, o que tenho de esperar?".[1]

Ter esperança

As palavras do doente que se expressava assim me provocam. Convidam-me não só a abandonar o palavrório

---

[1] COLOMBERO, G. (1993). *La enfermedad, tiempo para la valentia*. Bogotá: San Pablo, p. 42.

diante de quem está em sofrimento, mas também a refletir sobre como infundir esperança sem cair nos lugares-comuns de sempre. Por isso, perguntei a mim próprio o que significa infundir esperança.

Lembro-me de uma experiência pessoal que vivi há alguns anos. Uma enfermeira telefonou-me angustiada ao contemplar uma paciente, em fase terminal da sua vida, que lhe dizia repetidamente: "Ajude-me, preciso de ajuda". "Sinto-me impotente", disse-me ela. "Não sei o que lhe dizer. Pode ir vê-la?" E certamente era para se sentir desse jeito: uma professora de 42 anos, doente havia catorze, vivendo nos dois últimos anos de constantes internamentos e cirurgias, cada vez mais importantes e com menos esperanças.

Fui vê-la. A mãe dela estava no quarto do hospital, mas saiu e me deixou sozinho com a filha. Lembro-me do seu aspecto, próprio de quem está vivendo seus últimos dias: as mãos frias, a cabeça caída, os olhos apagados... Não demorou muito para dizer-me o que estava sentindo: "Isso é muito duro. Cada vez mais duro. Tenho muito medo. Tenho medo de morrer. Não quero morrer. Creio que vou morrer e não quero morrer. Ajude-me. Ajude-me a não morrer. Quero ter esperança". Aquelas palavras não só me causaram calafrios, mas também me interpelaram profundamente.

Não sei se as minhas palavras lhe infundiram alguma esperança. Não creio porque, na realidade, falei muito pouco. Sobretudo, escutei. Depois daquele encontro, dificilmente poderia ter dito a mim o mesmo que Jó, "o homem sofredor de sempre", disse aos seus amigos que o queriam consolar: "Até quando afligireis minha alma e me magoareis com vossos discursos?", porque da minha parte não houve muitas palavras.

É verdade que eu desejava responder a seu pedido, mas não tinha ilusões de que a poderia curar, até porque, francamente, o seu aspecto dizia tudo. Mas, não obstante, ela queria ter esperança. Na realidade, creio mesmo que a tinha, porque pedia ajuda. Quem pede ajuda é porque tem esperança, porque confia que haverá alguma possibilidade.

Parece-me certo o que dizia um doente:

> Olhe, descobri durante esses meses que a esperança é como o sangue: não se vê, mas tem de estar lá. O sangue é a vida. Assim é a esperança: é algo que circula dentro de nós, que deve circular, que faz com que nos sintamos vivos. Se não o tivermos, estaremos mortos, estaremos acabados e não há mais nada a dizer... Quando já não nos resta esperança, é como se não tivéssemos sangue... Talvez esteja todo inteiro, mas está morto.

Não se pode viver sem esperança, sem esperar e sem ser esperado.

A esperança tem muitos nomes

Lembro-me de quando fiz uma investigação sobre os doentes de Aids, quando as esperanças de viver com a doença crônica eram nulas. Uma das perguntas abertas feitas a duzentos e trinta doentes permitiu ver que cada um dava um nome à sua esperança com esta prioridade: a vacina, curar-se, não piorar, viver com base nos novos valores descobertos, Deus, morrer, ter um filho, livrar-se da droga, encontrar trabalho. Também cinco responderam dizendo que não tinham nenhuma esperança. Ao ver esses resultados, percebemos de que alguns nomes têm o sabor de "desejos proibidos", impossíveis.

Parece que a esperança é o motor que, apoiando-se na base antropológica do desejo e da espera, leva a lutar pelo que se vê como bom, libertador e gratificante. Por isso, a esperança é um dinamismo do presente, como o sangue, que dá vida, que circula, mas que também necessita ser oxigenado. Parafraseando o imperativo categórico de Kant, Laín Entralgo escreveu: "Vive e age como se o teu esforço dependesse da realização do que esperas ou desejarias esperar".[2] A esperança faz com que o presente seja vivido em tensão e que se antecipe o sabor do esperado, mas sem o esgotar.

A esperança relaciona-se com a confiança, não com o otimismo superficial ou com a certeza absoluta. É, sobretudo, irmã da insegurança e do medo, mas convive com a coragem, a paciência, a inteireza e a constância. Esperar é aguardar com paciência; não com resignação passiva, mas com confiança, que nos conduz até o desejado.

---

[2] Citado em: DE LA TORRE, J. (2011). *Presente y futuro de la bioética española*. Madrid: Universidad Pontificia Comillas, p. 245.

Infundir esperança

Esse é um dos objetivos da visita ao doente: infundir esperança, ser testemunha da esperança. Ao falar num congresso sobre a relação com os doentes de Aids e sobre a esperança, o Cardeal Karl Lehmann dizia: "Ao confortar com palavras de esperança um doente grave, nunca se deve passar ligeiramente sobre a amarga realidade do sofrimento e da morte, mas deve apoiar-se a realidade inteira do ser humano que sofre".

É que, quando é necessário infundir esperança, podemos cair na tentação de passar por cima dos sentimentos da pessoa concreta, de querer injetar ilusões superficiais nascidas de desejos pouco sólidos.

O símbolo da esperança é a âncora. Infundir esperança é tão somente oferecer a quem está no meio do temporal do sofrimento um lugar onde possa se abrigar, algo em que se agarrar, é ser para ele uma âncora que mantém firme e não à deriva a barca da vida. Oferecer-se como âncora, ser alguém com quem se pode compartilhar os nossos temores e as nossas ilusões, isso é infundir esperança.

Quem não tem onde se agarrar, em quem confiar, quem não tem a quem abandonar-se, não pode ter esperança, está só, como no inferno de Dante, em cuja entrada se lê: "Deixai toda esperança, vós que aqui entrais".

No meio da dor, a visita ao doente, a visita que inspira confiança e é oferta de si mesmo para que ele se apoie, é fonte de esperança.

Como se de uma lançadeira se tratasse, a esperança também nos leva para além do tempo, onde se abre a um bem supremo somente alcançado na eternidade, onde confiamos que não haverá pranto nem dor, mas luz e paz, onde haverá o gozo de uma felicidade completa ansiada durante toda a vida. E, se o conteúdo dessa esperança fosse uma vã ilusão, não haveria dúvida de que teria valido a pena esperar não só por tudo o que de confiança há no triunfo definitivo do amor cá experimentado, mas também por tudo o que de bem esse ato de esperar pode gerar.

Na doença, a atitude positiva, esperançosa, confiante e desejosa do bem contribui para que esse bem possa realizar-se com mais facilidade. O nosso corpo também responde à disposição interior do desejo. Talvez seja também por isso que, para Freud, o desejo é uma expressão da essência do homem, um motor realmente poderoso.

Quando a morte é o maior de todos os perigos, têm-se esperanças de vida; mas, quando se chega a conhecer um perigo ainda mais espantoso do que a morte, então podemos ter esperanças de morrer, porque a vida seria um viver desesperado. E, quando o perigo é tão grande que a própria morte se transforma em esperança, então é vital o apelo à solidariedade no alívio do perigo. Frequentemente, esse alívio não é senão o suporte emocional pelo que uma visita pode ansiar, porque se faz a paz mais facilmente com os limites marcados pela natureza do que com os que a nossa negligência ou a distância emocional impõem.

Infundir esperança não é somente convidar o doente a desejar a saúde e a cura. Às vezes, passa mais pelo contrário, por aceitar que isso não é possível. Porque a esperança, para realmente o ser, tem de estar radicada na realidade, mesmo na realidade do desejo, mas não na vã ilusão. Então, esperar é um dinamismo que transforma o presente, tornando-o mais ativo e saboroso.

Quem infunde esperança partilha o desejo ao mesmo tempo em que reconhece a realidade. Viver esperançoso é já um indicador de saúde, de humanização da experiência. Quem espera alimenta a confiança e, em algum momento, abandonar-se-á a alguém. Esse abandono ou entrega não é o resultado da desesperança, mas do grau máximo de confiança e de aceitação ativa da realidade que se impõe. Infundir esperança talvez seja também oferecer os seus braços para que o outro possa entregar-se e abandonar-se com confiança a eles.

O mútuo acolhimento, especialmente na fragilidade, faz crescer a confiança, mata a solidão, promove a responsabilidade partilhada na busca do bem, próprio e alheio. No fundo, a experiência do amor é a fonte da esperança e a sua realização.

O que faz mal, o que faz bem

O que faz mal

▶ Usar a expressão "É preciso ter esperança" como um estribilho.

▶ Usar a frase: "A esperança é a última que morre", sem avaliar as suas consequências de risco da obstinação e sem sentir que é acolhida como um autêntico ânimo para o outro.

▶ Mentir, dizendo que "temos esperança", se não nos referirmos a alguma coisa real e verossímil.

O que faz bem

▶ Fazer com que o outro se apoie em nós e isso lhe inspire confiança.

▶ Transmitir paciência e confiança, mas não exortar reiteradamente.

▶ Aceitar que a esperança convive com a incerteza.

14

Acompanhar e perdoar

> O verdadeiro amor não é senão
> o desejo inevitável de ajudar o outro
> para que seja quem é.
>
> *Jorge Bucay*

Confesso que, se analisasse o meu desenvolvimento pessoal, não consideraria a categoria do perdão entre as mais tardiamente integradas de maneira consciente. Sou filho de uma cultura em que, penso eu, se desvalorizou uma perspectiva ou um conceito de saúde tão importantes quanto esta. Lembro-me de que tive a oportunidade de acompanhar uma equipe de trabalho com feridas graves, frutos da relação e do trabalho, e pude constatar que, talvez, o que acontece comigo possa ser encontrado facilmente em muitas outras pessoas. Como também no período da doença. Frequentemente, há necessidade de se fazer perdão dentro de nós mesmos e de perdoar os outros para vivermos em paz.

Há até certa tendência da psicologia de cair na tentação de insistir exageradamente em não se sentir culpa. A culpa é má. Por isso, não se deve inocular culpa em ninguém. Deve acompanhar-se quem se sente culpado para que se liberte de tal sentimento. Como se não houvesse um sadio sentimento de culpa, racional e capaz de desencadear mecanismos de reparação, de perdão e até de reconciliação.

Atualmente, está sendo recuperada a importância do perdão, até mesmo do ponto de vista da psicologia, e ajudando a cair na conta da influência do perdão a saúde em níveis biopsicossocioespirituais.[1]

O que não é perdoar

Na visita ao doente e em diferentes formas de relação de ajuda, encontramos frequentemente a experiência da mágoa. Uma pessoa sente-se ferida por outra. Feridas recentes, feridas envelhecidas, feridas não cicatrizadas, feridas aumentadas pelo ferido (não pelo agressor)... Muito sofrimento deve-se à ruminação da memória da ofensa recebida, à gestão da mágoa, ao ressentimento ou ao desejo de vingança, à recordação "ruminadora" dos fatos vividos como ofensa.

O objetivo do acompanhamento não é superar imediatamente a culpa, mas aproveitá-la quando ela for racional e proporcional, e também interpretá-la quando for irracional. Seja como for, um sentimento tão humano como esse pode revelar alguma coisa. Cada vez mais sonho com que, nos diferentes processos terapêuticos e nas relações de ajuda em saúde, na intervenção social, no âmbito educativo e no

---

[1] SANDRIN, L. (2014). *Perdón y reconciliación*. Madrid: PPC.

trabalho em equipe, a variável perdão entre como variável terapêutica, como objetivo saudável de cura e de reparação.

Mas o perdão não é um mero exercício voluntarista nem, ainda menos, algo que devamos fazer porque alguém nos manda em tom imperativo: "É preciso perdoar". Perante esse tipo de indicações, sugestões ou ordens, costumamos responder defendendo-nos ou desvalorizando o significado do perdão. Não falta quem resista até mesmo ao pensamento da hipótese de ter de perdoar porque pensa que, desse modo, terá de esquecer ou negar a ofensa, ou ainda renunciar a seus direitos. Também há quem creia que perdoar é "des-culpar" (tirar a culpa real de quem ofendeu) ou que se trata de abandonar o medo de que o dano se possa reproduzir ou de, simplesmente, transformar o mal em bem.

Curar o seu coração ferido

O perdão genuíno é uma libertação especial de um prisioneiro do rancor, do ressentimento e da ira, que é justamente a pessoa que perdoa. Quando se é capaz de dinamizar essa forma de amor intenso que oferece perdão e desculpa até o que é vivenciado como algo indisculpável, é realizada uma experiência de cura interior.

Os paradoxos do perdão consistem em que, sendo fácil, nem sempre está disponível; em que, sendo libertador para o ofensor, liberta muito mais o ofendido; em que, sendo vital, às vezes nos dá medo; em que, sendo leve, às vezes pesa muito; em que, sendo simultaneamente misterioso e profundo, é simples; em que, sendo tão divino, também é genuinamente humano.

Quem se dispõe a perdoar decide não se vingar, aprende consigo mesmo e com a sua própria vulnerabilidade e limitação; renova o seu olhar e vê de uma forma nova, consegue avaliar o ofensor e encher suas entranhas de misericórdia, permitindo a si mesmo ir mais além da dor produzida pela ofensa, sem negar a sua realidade nem a sua intensidade.

Perdoar é um processo. Nos últimos anos, diversos autores falam sobre os passos que é preciso dar para se fazer a caminhada ao perdão genuíno.[2] Independentemente de essa caminhada ter cinco, sete ou doze etapas, o mais importante é a tarefa que comporta.

Efetivamente, não há perdão sem a decisão de não se vingar e de fazer com que cessem os gestos ofensivos. Como também não haverá perdão se não se reconhecer a mágoa como tal, dando espaço a que se reviva a ofensa (sem a negar nem ampliar). Muitas vezes, precisamos também de partilhar o sofrimento com alguém, desafogando e verbalizando de forma sensata o mundo interior, aceitando a cólera e o desejo de vingança.

No fundo, o perdão também implica a aceitação do que se perdeu por causa da ofensa, a identificação da parte com a qual alguém contribuiu para o sofrimento depois de ter

---

[2] MONBOURQUETTE, J. (1995). *Cómo perdonar.* Santander: Sal Terrae.

sido ofendido, abrindo-se caminho a um estranho requisito: perdoar os outros comporta que se perdoe a si mesmo, dado que o dano recebido pode ter causado reações que podem ter desencadeado novos danos a nós mesmos ou ao ofensor. Por isso, é necessário que nos perdoemos antes de perdoarmos os outros. "O perdão cai na terra como chuva suave do céu. É duas vezes bendito, abençoa quem o dá e quem o recebe", diz William Shakespeare.

Além disso, será imprescindível um exercício mental, afetivo e atitudinal: compreender o ofensor. Não se trata de justificá-lo, mas de compreendê-lo. É claro que, se nos puséssemos em seu lugar, se conhecêssemos os seus antecedentes, se nos tornássemos – depois de fiscais – advogados defensores do agressor, as coisas mudariam radicalmente. Sabemos com Terêncio que "Nada do que é humano me é estranho". Não nos são estranhos os dinamismos que provocaram naquilo que nos fez mal as reações subsequentes.

Mas, como é óbvio, também nenhum mal nos advém do fato de se distinguir entre perdoar e reconciliar-se. Perdoar é coisa de um; reconciliar-se é coisa de dois. Acompanhar o doente na visita pode ser muito útil neste sentido: ajudar a perdoar, mesmo que a reconciliação não seja desejada ou possível (porque até já pode ter morrido o agressor).

Com efeito, uma pessoa pode conseguir e querer perdoar, mas não reconstruir a relação anterior com a mesma intensidade, – ou talvez seja o agressor que não esteja disposto a isso.

O perdão não pode exigir a garantia de que não se repetirá a agressão nem impor a condição de que o outro mude. Pois, embora seja desejável e justo, se isso fosse exigido, já não haveria lugar para o perdão, porque não somos donos da liberdade nem da limitação alheia. Quem é incapaz de perdoar, é incapaz de amar, dizia Martin Luther King.

Ora, como em todas as coisas grandes e importantes para o ser humano, é preciso celebrar. Também o perdão deve ser celebrado. Seja de que maneira for, o mundo dos símbolos, da expressão da alegria produzida pelo bem que uma pessoa realiza e a libertação que experimenta bem merece alguma expressão celebrativa. O que não é celebrado tende a ser esquecido, a perder a profundidade do seu significado.

Recuperar esse dinamismo

Ao acompanhar os doentes nas visitas, torno-me cada vez mais consciente de que às relações de ajuda foi lançado o desafio de incluírem esse dinamismo curador entre os seus objetivos fundamentais. Quem perdoa liberta alguém da culpa e também se liberta dela. Portanto, não se trata de, em primeira instância, eliminar o sentimento de culpa, mas de realizar um processo curador do coração oprimido pelo rancor e pela mágoa recebida, e de permitir um espaço de saúde relacional compatível com a doença do paciente.

Talvez seja bom ouvir Teresa de Calcutá: "O perdão é uma decisão, não um sentimento porque, quando perdoamos, já não sentimos a ofensa, já não sentimos rancor. Perdoa, que perdoando terás a tua alma em paz e a terá quem te ofendeu".

A visita ao doente pode ser saudável se for mediadora desse dinamismo que encarcera e, às vezes, se isso não acontecer, a experiência poderá gerar mais sofrimento do que a própria doença.

O que faz mal, o que faz bem

O que faz mal

▶ Reforçar sentimentos de culpa no doente.

▶ Tentar evitar todo sentimento de culpa no paciente.

▶ Exortar reiteradamente o perdão e a reconciliação unicamente porque se quer.

O que faz bem

▶ Acompanhar o processo de cura do coração com paciência e respeitando os ritmos do perdão, que não são imediatos.

▶ Fortalecer a ideia de que o perdão liberta quem perdoa de uma prisão e de um sentimento de rancor que faz mal.

▶ Acompanhar, numa perspectiva de saúde integral, conscientes de que perdoar não é somente uma questão moral, mas que também faz bem à saúde, ainda que não se chegue à reconciliação, ou que ela não seja desejada ou até não seja oportuna ou sequer possível.

15

Como celebrar?

A vida é um hospital onde cada enfermo
está possuído pelo desejo de mudar de cama.
Charles Baudelaire

Trata-se de uma pergunta que o *coaching* dialógico que estudei propunha no meio da bateria de perguntas apropriadas para acompanhar uma pessoa a desenvolver ao máximo as suas potencialidades e alcançar os seus desafios pessoais com a ajuda de um *coach* (treinador, para nos entendermos): Como celebrar? Será que, se não se programar a celebração, o desafio atrairá com menos intensidade? Será que, se não se celebrar, não se terminará o ciclo de um processo de trabalho de desenvolvimento pessoal? Nas diversas formas de relação de ajuda, a dimensão celebrativa tem de ocupar o seu lugar.

Aqui, não me refiro às celebrações rituais que o paciente pode realizar também no hospital ou em sua casa, embora esteja doente, como o seu aniversário ou outros acontecimentos que ocorram no tempo em que está enfermo. Refiro-me, sobretudo, à visita que ajuda a viver a dimensão celebrativa da vida. A vida deve ser celebrada e, numa perspectiva cristã, o seu lado escuro também se celebra.

Mas o que é celebrar?

Quando se fala de celebração, tendemos a imaginar festas alegres, animadas, em que, temporariamente, as dificuldades da vida são esquecidas, numa atmosfera de música, dança, bebidas e conversas agradáveis.

No entanto, celebrar é muito mais do que isso. Como escrevia Henri Nouwen,[1] só é possível a celebração onde puderem coexistir amor e temor, alegria e dor, sorrisos e lágrimas. Celebração é aceitação da vida, tendo-se a consciência cada vez mais clara da sua preciosidade, porque a vida é preciosa, valiosa, não somente porque se pode ver, tocar e saborear, mas também porque um dia já não a teremos. Na celebração confluem harmonicamente as três dimensões do tempo: o passado que se recapitula, que se recorda, se torna vivo no presente, e o futuro que se projeta e que se espera. Essa estrutura consciente da historicidade pressupõe que se viva sadiamente o que se celebra, quer seja positivo, quer seja negativo, convidando por isso a acompanhar quem se encontra envolvido por esses mistérios.

Assim escreve o conhecido poeta Rainer Maria Rilke, não pretendendo subtrair-se à ameaça do terrível, mas afirmando-o e traduzindo-o:

---

[1] NOUWEN, H. J. M. (2000). *Un ministério creativo*. 2. ed. Madrid: PPC.

Diz, poeta, o que fazes tu?

– Eu celebro.

Mas ao mortífero e ao prodigioso,
como lhe resistes, como o suportas?

– Eu celebro.

Mas ao sem nome, ao anônimo,
como lhe chamas, poeta, apesar de tudo?

– Eu celebro...

E por que é que a quietude e a impetuosidade,
como a estrela e a tormenta, te conhecem?

– Porque eu celebro.

Ajudar a celebrar

Não penso que estejamos em crise de celebrações. Num país da América Central, contavam-me que, quando chegam as remessas de dólares dos emigrantes, que trabalham e assim mantêm as suas famílias, logo que o recebem, muitas pessoas vão celebrá-lo no restaurante, com o paradoxo de também, com alguma frequência, gastarem metade do que acabaram de receber para depois viverem na precariedade, esquecendo-se talvez de quanto custou ganhar esse dinheiro no país distante.

Por isso, hoje, não faltam tendências que convidem a celebrar tudo, mesmo desproporcionalmente quanto a recursos e formas. Lembro-me também do cartaz de um restaurante que anunciava: "Celebram-se separações e divórcios".

Mas será realmente necessário celebrar tudo? Ou a celebração não poderá estar inflacionada? Ou somente algumas, enquanto outras caíram no esquecimento? Recentemente estive numa conferência sobre o perdão do ponto de vista psicoespiritual. A conferencista afirmava: "O que não se celebra desvanece". Sim, referia-se ao perdão, embora não alcance a categoria de reconciliação ou a natureza de celebração religiosa.

Creio que temos de acompanhar as pessoas a celebrarem de forma salutar quando sofrem. E também acompanhá-las no êxito, para que as celebrações não sejam tão superficiais que se convertam em embriões de sofrimentos futuros.

A sã celebração tem muito a ver com o mundo simbólico. Esta palavra provém da tradição em que se usava uma reguazinha de barro que o anfitrião partia em duas, ficando com uma metade e oferecendo a outra a seu hóspede como sinal de hospitalidade para que, passado o tempo, voltasse a essa casa um seu descendente e se pudessem reconhecer juntando as duas partes. Portanto, etimologicamente, *symbolon* vem do grego *syn + ballein*, em que o prefixo *syn* significa "com" e o verbo *ballein*, "atirar". O *symbolon* tem o significado de reunir, uma coisa que põe em conexão ou comunica duas partes para (com)partilhar.

Nas relações de ajuda, um objetivo importante consiste em acompanhar a união do que está separado, em simbolizar o que nem sempre pode ser expresso com palavras, em condensar significados profundos em partes que se juntam. Nesse sentido, os ritos usam muito os símbolos porque ajudam a pôr em contato e a unir ou reunir mundos interiores, relações entre pessoas, significados que o coração compreende com a sua razão melhor do que a razão intelectiva. Por isso, "Como vai celebrar?" parece uma pergunta adequada para momentos significativos da vida das pessoas ou, até, um objetivo da visita ao doente. Acompanhar a celebrar.

Celebrar a dimensão negativa?

Mas também se celebra a dimensão negativa? A experiência diz-nos, por exemplo, que a dimensão simbólico-celebrativa é especialmente importante no fim da vida. A tradição foi sábia quando ritualizou o acompanhamento aos doentes graves e no fim da vida, e a quem vive o luto, embora hoje seja frequente a perda dos ritos e a não substituição por outros elementos carregados de conteúdo válido para acompanhar a viver saudavelmente em meio a dificuldades.

Sim, podemos até falar de *celebrar a morte*. Talvez isso signifique aceitá-la como um mistério que nos chama a viver em comunhão, que afeta diferentes partes da sociedade, que se podem unir *simbolicamente* em torno do mistério. Portanto, seria como concelebrar o mistério da vida que chega a seu fim e que está invadida pelo amor.

É esse o conteúdo de quem, na fragilidade da doença, decide celebrar o sacramento da unção dos enfermos (antiga e infelizmente chamado Extrema Unção). Um visitador pode promover essa celebração com o tato de saber quando o deve fazer e a quem o pode propor. Celebrar a Unção em família, com os cuidadores – também os profissionais, quando houver –, pode ser um momento extraordinário para realçar a sacramentalidade existente em todos os atos de cuidados de saúde. Na fragilidade, ungimos com óleo para exprimir a fortaleza que nós, os religiosos, encontramos em Deus. O doente continua na sua debilidade, o que exprimimos simbolicamente. Celebrada com decoro, costuma ser uma vivência saudável que faz bem ao coração e às relações.

Sobre o luto, afirma o sociólogo, antropólogo e etnólogo Louis-Vincent Thomas: "O homem define-se como um animal que pratica ritos funerários",[2] porque o rito existe para dar sentido a tudo o que nos acontece, para dar sentido à nossa morte e à morte do outro.

Em suma, por mais criativo que pretenda ser, o rito deveria ser mais personalizado do que inovador. Porque, por definição, o ritual determina minuciosamente o tempo, o lugar, as pessoas, as atuações, as palavras, os gestos e os objetos que podem rodear uma experiência importante que a pessoa vive comunitariamente. O rito é uma celebração que se repete da mesma forma, seguindo algumas normas mais ou menos rígidas.

Domenico Cieri escrevia: "É uma arte aperceber-se da vida enquanto se vive, conseguir vislumbrar a sua implacável grandeza, desfrutar do tempo e das pessoas que o habitam, celebrar a vida e o sonho de viver". Quem visita o doente pode ser um artista que, juntamente com ele, faz uma obra de arte celebrando.

---

[2] THOMAS, L.-V. (1983). *Antropología de la muerte*. México: FCE.

O que faz mal, o que faz bem

O que faz mal

- ► Esforçar-se para que o doente participe de celebrações que não deseja por falta de saúde.
- ► Impedir que o doente participe de celebrações tristes para lhe poupar sofrimento.
- ► Não deixar o doente participar em momentos celebrativos "porque não se interessa".

O que faz bem

- ► Promover as celebrações desejadas pelo doente, embora ele esteja limitado em alguma coisa: deambulação, nível cognitivo, tempo de participação.
- ► Fomentar a celebração dos êxitos no processo de recuperação ou de reabilitação.
- ► Usar símbolos que reúnem significados positivos de aspectos que se querem celebrar.
- ► Se o participante reunir o perfil e for o momento adequado, o visitador pode propor a celebração, preparada adequadamente, do sacramento da Unção dos Enfermos, assim como outras orações apropriadas ao momento.

QUARTA PARTE

A visita ao doente em situações especiais

Se visitar o doente comum já é uma arte, e tem de ser o resultado de um artesão, em algumas circunstâncias especiais, em que a vulnerabilidade põe à prova a nossa capacidade de comunicação, é muito mais. É o caso dos doentes com deterioração cognitiva, como, por exemplo, o Alzheimer, ou quando o doente vive os seus últimos dias ou horas ao lado de sua família. Não é menos difícil acompanhar no final da vida ou no luto, circunstância em que a visita nos coloca perante o fato da morte, que a nossa cultura ainda nega bastante.

Não sei por que não nos ensinam na escola nenhum tipo de alfabetização relacional para lidar com essas situações porque, de fato, mais cedo ou mais tarde, acabarão tocando a todos nós, e com muita frequência o sentimento de impotência, de mal-estar, de absurdo... leva-nos a repetir mil e uma vezes os estereótipos que aprendemos por osmose. Não são o resultado de uma escuta atenta nem de um interesse genuíno pelas necessidades do visitado, embora, muito frequentemente, sejam as frases que mais facilmente ocorrem a nós, visitadores.

Estamos de acordo que não há receitas, mas há indicações que nos podem ajudar a viver saudavelmente esses momentos embaraçosos e a desenvolver as possibilidades existentes, embora limitadas em face da complexidade das situações.

A visita será o resultado não só das capacidades do visitador, mas também da situação concreta e das reações, frequentemente imprevisíveis, da pessoa visitada. Centrar-se na pessoa será sempre um desafio para quem pretende ser suficientemente capaz de acompanhar sem molestar e de ser bom caminhante que, no sofrimento, se transforma em remédio e não em elemento discordante ou em sofrimento adicional.

Em geral, há pacientes que, em situações críticas especiais, agradecem a visita e o demonstram (assim como seus familiares). Cícero afirma que "a gratidão não é somente a maior das virtudes, mas a mãe de todas as outras". Mas também há pacientes que sofrem quando são visitados, porque isso os incomoda ou aumenta a sua ansiedade ou provoca reações de desorientação ou os priva da sua intimidade. Por isso, é preciso estar muito atento para que, simplesmente, a visita seja realmente oportuna, com todas as suas implicações de horário, conversa, objetivo, processo, duração etc.

16

A visita ao doente de Alzheimer

Ó memória, como gosta de nos enganar!
Oliver Goldsmith

Não sei falar com ele nem se me compreende. Às vezes, perco a paciência. Outras vezes, tenho a sensação de que sabe o que quer. É difícil falar com ele, porque ninguém nos ensinou e parece-me que estou falando com uma criança. Outras vezes, tenho vergonha de me comportar assim com ele.

Essa é uma experiência muito comum entre cuidadores de doentes de Alzheimer. São necessárias estratégias para a comunicação.

De fato, a visita ao doente de Alzheimer tem dificuldades específicas concretas.[1] A comunicação é a forma de nos relacionarmos com as pessoas. Entre os níveis de comunicação, costumamos distinguir: o *racional*, feito especialmente de ideias, opiniões, pensamentos e crenças; e o *emocional*, feito especialmente de sentimentos. Também distinguimos

---

[1] Sobre esse tema, escrevi um livro e falei mais amplamente em: BERMEJO, J. C. (2010). *Mi ser querido tiene Alzhéimer. Cómo poner el corazón en las manos.* Santander: Sal Terrae.

entre sistemas básicos de comunicação: a palavra e a linguagem não verbal, feita de gestos e da expressão corporal.

Esses quatro elementos fazem da comunicação um sistema complexo de interação e de intercâmbio de informação. Recebemos informação que processamos, armazenamos e transformamos para emitir respostas. Esse processo decorre de forma bidirecional e interativa.

Quando nos comunicamos com a pessoa com Alzheimer, como com todos os seres humanos, criamos um vínculo afetivo que lhe transmite estima e consideração. Reconhecemos a sua existência. Mediante a palavra, os gestos, o contato físico etc., o enfermo é reconhecido e valorizado. É um tipo de "carícia" que intercepta o risco do isolamento e do abandono que alguns desses doentes vivem com a deterioração cognitiva.

A comunicação com o doente de Alzheimer

Trata-se de um desafio muito concreto: como falar com o doente de Alzheimer quando o visitamos? A comunicação vai-se alterando com a demência.[2] Como é sabido, existe a perda de memória, dificuldade para processar informação, déficit de atenção e de concentração, deterioração de funções específicas da linguagem, perda do controle motor que afeta a fala e a voz...

---

[2] FERNÁNDEZ DE TROCÓNIZ, M. I.; MONTORIO CERRATO, I. (1999). *Intervención psicológica en la vejez*. Madrid: Síntesis, p. 187.

Na comunicação com as pessoas com demência encontramos diferentes problemas que convém levar em consideração. Entre eles, assinalamos que os doentes[3] têm dificuldade para se exprimir e para compreender, esquecem-se rapidamente do que lhes dizem, repetem constantemente a mesma coisa, contam histórias que não têm lógica, podem não se recordar dos nomes dos seus familiares nem saber quem eles são, podem descrever um objeto, mas não saber o seu nome; dizem que compreenderam o que lhes foi pedido, mas não o fazem etc.

Essas são algumas das dificuldades que põem à prova a capacidade de relacionamento com as pessoas com Alzheimer ou outras demências. Alguns autores indicam diferentes estágios na deterioração da comunicação.

No início, os déficits percebem-se sobretudo na dificuldade para nomear objetos e na falta de fluidez para "encontrar" os nomes das coisas. Por isso é importante repetir as ideias, não usar o humor – que, como tal, é difícil de entender –, utilizar circunlóquios para explicar o mesmo tema mais vezes.

Num segundo momento, as dificuldades mais frequentes costumam ser não só a tendência para confundir conceitos e objetos, perder pormenores e usar um vocabulário reduzido, mas também a diminuição de compreensão e de

---

[3] Id. (1997). *Cuando las personas mayores necesitan ayuda. Guía para cuidadores y familiares* I. Madrid: IMSERSO, pp. 63-67.

linguagem tanto escrita como oral e da capacidade de relatar fatos.

Num terceiro estágio, as características costumam ser a perda das capacidades de comunicação ainda mais gravemente. O paciente fragmenta as frases, padece de anomia (desconhecimento do nome das coisas e das pessoas), usa frases sem significado, é incapaz de produzir sequências de conceitos relacionados, não compreende informações novas etc.

As alterações na comunicação costumam ser acompanhadas de transtornos na conduta, tais como irritabilidade, hostilidade, deambulação, agitação etc. Isso complica a relação e o cuidado com o enfermo de Alzheimer, produzindo no cuidador sentimentos de insegurança, impotência e desesperança.

Como comunicar-se bem

Não há dúvida de que não é a mesma coisa comunicar-se com um doente de Alzheimer nas primeiras fases da doença e, mais tarde, em estados mais avançados. Uma boa comunicação favorece a relação e facilita as tarefas de cuidados.

Nos primeiros momentos, a pessoa pode usar mecanismos de defesa ou estratégias de comunicação que, inicialmente, podem ajudá-la a enfrentar a doença; mas, com o tempo, podem levá-la a sentimentos de frustração ou de tristeza. Uma boa comunicação contribuirá para que esses mecanismos de defesa constituam úteis estratégias para lidar com a doença e não se mantenham quando já não ajudarem saudavelmente.

Entre os mecanismos de defesa mais comuns que encontramos no início da doença está a negação. É frequente que as pessoas não admitam o que lhes está acontecendo e ajam como se nada fosse, negando qualquer ajuda externa.

Outras vezes, as pessoas defendem-se através do isolamento. Alguns adotam esse mecanismo para evitar e, ao mesmo tempo, esconder os seus problemas, iludindo as relações com os familiares e as pessoas que as rodeiam. Isolam-se e deixam de se comunicar, reduzindo dessa forma as situações de conflito.

Outros se protegem mediante o mecanismo da regressão, usando estratégias e comportamentos que lhes foram úteis no passado, podendo então reaparecer comportamentos infantis.

Algumas estratégias para melhorar a relação com as pessoas que adotam esses mecanismos de defesa consistem em manter com elas uma atitude de compreensão e de paciência. É fácil dizê-lo, sendo óbvio que ajuda a permitir que exprimam os seus sentimentos, quaisquer que sejam, ouvindo atentamente. Mas não costuma ajudar repetir expressões de crítica ou de menosprezo, nem dar conselhos ou apresentar soluções rápidas. É mais útil mostrar interesse pelas melhoras do seu estado sem negar os seus sentimentos.

Consegue-se aumentar tanto mais a autonomia quanto mais e melhor se usarem alguns recursos, entre os quais o mais importante é falar sempre em tom positivo. Convém fortalecer e estimular condutas autônomas, na medida das suas capacidades, como vestir-se, andar, comer, falar etc. Costuma ajudar a atitude de elogio e de apoio, repetindo o que está bem, apoiando mediante expressões corporais e linguagem não verbal: olhar mais tempo, tocar...

Aliás, uma boa comunicação ajuda na compreensão de atividades e comportamentos que se pedem ao doente, facilitando a adesão às indicações oferecidas para melhorar o seu estado ou para obviar as dificuldades.

Finalmente, a comunicação é a melhor ferramenta para estimular as capacidades e habilidades que ainda se mantêm: memória, atenção, orientação, linguagem.

Dicas para se comunicar com as pessoas com demência

Na comunicação em geral e particularmente na relação com os doentes de Alzheimer, a comunicação não verbal tem uma importância capital.

Os gestos, a postura, as expressões do rosto, o contato visual, o sorriso e o contato físico reforçam enormemente a comunicação verbal e, em muitos casos, podem substituí-la por completo.

À medida que a deterioração cognitiva progride, diminuem a capacidade para compreender a linguagem verbal e o discurso lógico. Torna-se mais difícil decifrar as mensagens da fala. Por isso, a linguagem dos gestos, os olhares e as carícias podem exprimir melhor os desejos e os sentimentos.

Alguns autores desenvolveram indicações precisas para a relação entre o doente e o cuidador,[4] que apresentamos em seguida:

1. Quando fala, o doente pode ter dificuldade para encontrar as palavras e lembrar dos nomes de objetos familiares e pessoas. Uma estratégia útil consiste em pedir-lhe que as indique e, então, dizer-lhe o nome de cada uma.

2. Às vezes, o doente usa frases entrecortadas ou faz longas exposições incoerentes (circunlóquios). Se o cuidador perceber nelas algum significado, algum sentimento ou mensagem, será útil que as repita de forma mais clara e mais simples.

3. Quando o paciente inventar palavras ou substituir umas por outras, não se deve corrigi-lo sistematicamente, mas antes se esforçar por compreender se ele está entendendo o que quer comunicar.

4. Às vezes, o doente precisa de tempo para terminar a frase ou responder a uma pergunta. Repetir as duas ou três últimas palavras que se disse pode ajudá-lo a continuar, com a paciência necessária nesse tipo de situação.

---

[4] SELMES, J.; SELMES, M. A. (2000). *Viver com... a doença de Alzheimer. Guia prático para os cuidadores, familiares e todos os que estejam próximos de uma pessoa com a doença de Alzheimer.* Lisboa: Dinalivro.

5. Para se captar a atenção e proporcionar segurança é importante sorrir, assim como segurar-lhe o braço e chamá-lo pelo nome, pondo-se diante dele e falando devagar.

6. O tom de voz médio moderado favorece a relação que se tem de estabelecer, falando com o doente como se fala com um adulto. Convém evitar a tendência para usar a terceira pessoa, quando, por exemplo, dizemos: "Parece que hoje estamos com um bom aspecto". Só se usará isso quando nos referirmos expressamente a nós dois, sendo preferível, no caso anterior, dizer: "Hoje você está com um bom aspecto".

7. É preferível usar frases curtas e simples, bem como palavras comuns e conhecidas. As longas explicações costumam causar confusão. Por isso, é importante falar lenta e claramente, articulando bem, não usando gíria, nem palavras difíceis, nem linguagem figurada.

8. É preferível dizer ao paciente o que pode e o que não pode fazer. Assim, entenderá melhor o que precisa realizar. Por exemplo, é preferível dizer-lhe: "Ponha as mãos em cima da mesa", em vez de "Não mexa as mãos".

9. Convém fazer perguntas simples e até evitá-las, quando a doença estiver em estado avançado. Mas, se forem necessárias, limite as alternativas de resposta, mediante perguntas fechadas, em que a única resposta possível seja "sim" ou "não". Por exemplo, é mais correto perguntar: "Quer uma maçã?" do que "Quer uma fruta?". Por

isso, "O que quer fazer?" é uma pergunta de resposta muito difícil para o doente de Alzheimer.

10. Por mais óbvio que pareça, é importante manter a calma. A relação com os doentes de Alzheimer pode provocar raiva e tensão, levando até a perda de controle. Aproximar-se lentamente pela frente, ter cuidado com os gestos e movimentos, para evitar reações bruscas e imprevistas podem evitar conflitos gerados por uma resposta impaciente ou agressiva. Quando o doente parecer preocupado e tenso, o cuidador deve responder calmamente, acompanhando as palavras com um sorriso e tocando a pessoa para tranquilizá-la.

11. É útil dizer aos pacientes o que estão fazendo e informá-los de tudo o que vão fazer, para reduzir a ansiedade, respondendo às variáveis: como, com quem, onde, mesmo que isso pareça ridículo.

12. Tente esquivar-se sempre de confusão. Para isso, contribui, entre outras coisas, evitar cortes bruscos na conversa como, por exemplo: "Não! Hoje não é terça-feira!".

13. É muito frequente usar-se a expressão "Não se lembra?". Elimine definitivamente essa muleta na conversa com um doente de Alzheimer, porque, devido à sua doença, vai perdendo a memória, sendo-lhe muito difícil se recordar de acontecimentos recentes. Quando ele perceber que efetivamente não se lembra, ficará frustrado. Até perguntas simples como "Quando fez isso?" ou

"Há quanto tempo...?" provocarão tristeza, se ele não se lembrar.

14. Dado que o doente vai perdendo a capacidade de raciocinar, devem evitar-se raciocínios lógicos ou complexos. A capacidade de interpretar os acontecimentos a seu redor e de raciocinar sobre eles vai diminuindo com o tempo, levando o doente a usar uma lógica muito própria – cada vez menos racional – e a realizar ações dificilmente compreensíveis para seus cuidadores. Às vezes, pode ser conveniente seguir a realidade vivida pelo doente, que o leva a comportamentos estranhos e incompreensíveis; então, convém manter a calma centrando a atenção sobre aquilo que parece ser motivo de interesse ou agradável para ele, transmitindo assim segurança e confiança.

O que faz mal, o que faz bem

O que faz mal

- ▶ Perguntar ao doente de Alzheimer se nos conhece e se sabe quem somos.
- ▶ Perguntar-lhe coisas que já sabemos, para testá-lo.
- ▶ Repreender o paciente pelo que faz e repetir-lhe que já lhe tínhamos dito que não fizesse aquilo.

O que faz bem

- ▶ Esforçar-se por mudar de assunto quando o doente sofrer delírios ou alucinações, orientando-o para temas que lhe sejam agradáveis e significativos, sem argumentar sobre o conteúdo da alucinação.
- ▶ Chamar a pessoa pelo nome e apresentar-se com o seu: "Bom-dia, Joana; sou o André; vim passar uns momentos com você".
- ▶ Afirmar com palavras o que fazemos enquanto o auxiliamos: "Vou ajudá-lo a tomar o banho de que tanto gosta, com água quente...".

17

Visitar o doente no fim da vida

> Quem é feliz não olha para o relógio.
> São os relógios que olham para quem é feliz.
>
> *Evgeni Evtuchenko*

Uma das situações mais críticas para quem faz uma visita, muito mais para um familiar, é acompanhar um ente querido nos últimos dias e, principalmente, nas últimas horas. Para quem falece, podem ser cruciais para a partida. Podem ser penosas, porque é tomado por uma incapacidade de se comunicar verbalmente e talvez seja ouvinte do silêncio ou de palavras inoportunas. Podem ser momentos sem consciência, mas críticos para os entes queridos que, por não saberem como se comportar, às vezes estão longe da cama, de pé, como convidados de pedra.

Uma vez mais, temos de dizer que não nos ensinaram. Não se fala disso na escola nem na televisão. Tampouco encontramos nos livros estratégias "atualizadas". Sim, porque houve manuais que indicavam pormenorizadamente como se comportar e o que dizer nesses momentos em termos de fé ou rituais de "encomendação da alma", que recolhiam jaculatórias e orações para ocupar o tempo da agonia e para exprimir em termos de fé alguns conteúdos da esperança. Creio que podemos afirmar que ficaram velhos e que – felizmente! – alguns desses costumes já se perderam porque tinham um sabor patético. Ao longo da história, não faltaram exortações à conversão através do recurso ao medo de uma condenação eterna.

O escândalo do abandono relacional no fim da vida

Muitas vezes afirmei que se pode viver uma morte biográfica antes de uma morte biológica, que se pode assistir à morte social de uma pessoa antes que morra biologicamente. Creio que é o que acontece quando não somos capazes de estabelecer relações autênticas, na medida em que a consciência o permitir, e relações com códigos de expressão adequados quando a consciência não o permite.

Tolstói fala disso em seu livro *A morte de Ivan Ilitch*, no qual apresenta de maneira elegante o drama do pacto de silêncio estabelecido à volta da sua morte, exceto pelo criado, que consegue manter uma relação saudável com grande simplicidade e sem mentir sobre o que, no fundo, todos sabem: a proximidade da morte de Ilitch.

Alguns parágrafos dessa obra de arte exprimem muito bem a situação em que vivem muitos doentes em fase terminal:

Ivan Ilitch via que ia morrer e estava desesperado. No fundo da sua alma, estava bem certo de que ia morrer, mas não só era incapaz de se acostumar com essa ideia, como não a compreendia, era incapaz de entendê-la.

Aquele exemplo de silogismo que aprendera no manual de lógica de Kizewerter: Caio é homem, os homens são mortais, logo Caio é mortal – aquele raciocínio parecia-lhe exato quando se tratava de Caio, mas não quando se tratava da sua própria pessoa. Caio era um homem comum, e tinha de morrer. Mas ele não era Caio, não era um homem comum; era um ser à parte, totalmente à parte dos outros seres; era Vania com a sua mamã e o seu papá, com Mitia e Volodia, com a sua criada, com o cocheiro, depois com Katenka, com todas as alegrias, todos os sofrimentos, todos os entusiasmos da infância, da adolescência, da juventude. Conhecia Caio o cheiro daquela bola de couro multicolorida de que Vania tanto gostava? Beijava Caio a mão de sua mãe como Vania? Era para Caio que a mãe de Vania deslizava com o ruge-ruge do seu vestido de seda? Era Caio quem tinha protestado na escola por causa dos pastéis? Amara ele como Vania? Podia presidir a uma sessão do tribunal como ele?

Com efeito, Caio é mortal, e é justo que morra. Mas eu, Vania, Ivan Ilitch, com todos os meus pensamentos, todos os meus sentimentos – sou coisa completamente diversa. É impossível que eu tenha de morrer. Seria horrível demais.[1]

Assim é. O impacto da proximidade da morte para cada um de nós, quando conservamos a consciência, situa-nos diante de uma verdade que se impõe com uma força indescritível, ou temos a sensação de que fomos capazes de pensar durante toda a nossa vida que não nos tocaria morrer.

---

[1] Tolstói, op. cit., pp. 56-57.

Ivan Ilitch vivia no meio da mentira, como tantos doentes no fim da vida, especialmente na cultura latina. Só se sentia bem com o seu criado Guerassime. Tolstói apresenta-o assim:

> Por isso, Ivan Ilitch sentia-se bem quando Guerassime lhe segurava nos pés, às vezes durante noites inteiras, e se recusava a ir-se deitar, dizendo: "Não fique preocupado, Ivan Ilitch, ainda terei tempo de dormir". Ou então quando acrescentava, tratando-o repentinamente por tu: "Se não estivesses doente, seria diferente; mas por que não havia eu de te ajudar agora?".

Guerassime era o único que não mentia: tudo mostrava que só ele compreendia o que se passava e que não julgava necessário esconder; mas tinha simplesmente piedade do seu patrão, fraco e descarnado. Disse-lhe mesmo uma vez, com toda a franqueza, quando Ivan Ilitch insistiu para ele ir embora: "Todos nós havemos de morrer. Por que não se há de fazer algum esforço?", exprimindo assim que aquele trabalho não lhe era penoso precisamente por fazê-lo a um moribundo e que, quando chegasse a sua vez, esperava que procedessem da mesma forma com ele.

O que mais atormentava Ivan Ilitch, além da mentira, ou como consequência dessa mentira era que ninguém o lamentava como ele queria ser lamentado. Em certos momentos, depois de longas crises dolorosas, por muita vergonha que sentisse de si mesmo confessá-lo, mais que tudo teria desejado que o lamentassem como a uma criancinha doente. Tinha vontade de que lhe fizessem festas, o beijassem, chorassem ao pé dele, como se acariciam e se consolam as crianças. Sabia que era membro do Tribunal da Relação, que tinha uma barba grisalha e que por consequência era impossível. Mas não deixava de desejá-lo intensamente. E, nas suas relações com Guerassime, havia algo disso. Era essa a razão de a presença de Guerassime o acalmar.

Ivan Ilitch queria chorar, queria que o acarinhassem e que carpissem a sua sorte, mas eis que entra um colega, Schebeck; e, em vez de chorar e de se mostrar terno, Ivan Ilitch toma um ar severo e absorto, e expõe por inércia a sua opinião sobre uma decisão do Supremo Tribunal e insiste obstinadamente. Aquela mentira que reinava à sua volta e nele próprio era o que mais envenenava os últimos dias de Ivan Ilitch.[2]

Como comunicar-se com o doente em estado terminal

Talvez possamos ser tão simples que pareçamos ridículos. Mas é claro que o jogo das mentiras e o pacto de silêncio serão imorais, quando não houver uma justificativa grave para se adaptar a verdade ao estado e à capacidade do doente. Por conseguinte, a dica mais importante na visita ao doente no final da vida é a simplicidade e a clareza. Estar atento àquilo de que o doente no fim da vida precisa para não sofrer, às mensagens que quer transmitir por qualquer canal de comunicação, atender o máximo possível ao conforto físico e emocional, esforçar-se por eliminar todos os sintomas que produzam desprazer, tudo isso terá de ser uma clara prioridade na relação.

---

[2] Ibid., pp. 64-66.

Há situações em que o paciente pode comunicar-se verbalmente. É o momento de dizer adeus, com palavras e gestos que saiam do coração. Parece apropriado que, então, se conjuguem alguns verbos como agradecer, perdoar e pedir mutuamente perdão, perguntando e manifestando os sentimentos e os desejos. Simples assim. E, como parece apropriado, também exprimir o amor explicitamente: "Amo você", "Sempre amei você", podem ser as expressões mais simples e belas que as pessoas que se amam poderão dizer no fim da vida, talvez entre longos silêncios ou, até, entre soluços. Não é proibido chorar diante de quem está no fim da vida. Não.

Nessas circunstâncias tão especiais, é óbvio que muitas palavras são supérfluas. Não é momento de muitos discursos. Então, tem particular relevância a linguagem não verbal. Nunca se insistirá demasiado no valor da proximidade física, da mão na mão, da carícia sincera e amiga, da oração em sintonia com a experiência do paciente e da família (a mais simples possível). Não é menos importante a ritualização do que se está vivendo. Aquilo que, em outros tempos, poderá ter tido tons quase macabros, nem por isso é desprezível. Os ritos fazem parte de momentos em que a linguagem puramente racional não é suficiente para dizer o que se sente. Por isso, poderá ser oportuno o desfile das pessoas mais queridas que beijam, abraçam, sussurram uma frase ou a expressão de um sentimento – quiçá reiterado – dos entes queridos. Também pode ajudar a visita de uma pessoa não pertencente à família, porque pode contribuir para desbloquear uma situação tensa que se gera no coração e, às vezes, paralisa os familiares.

O que faz mal, o que faz bem

O que faz mal

- ▶ Mentir sobre o diagnóstico ou o prognóstico, embora se argumente que é para evitar o sofrimento.
- ▶ Dissimular a gravidade da situação.
- ▶ Esconder-se para chorar e dar a entender que nada está acontecendo.

O que faz bem

- ▶ Explorar o que o paciente deseja saber, o que sabe, sobre o que quer falar, se tem algum assunto pendente.
- ▶ Manter a verdade como critério: falar sempre a verdade, mesmo quando não se disser tudo sobre o diagnóstico ou o prognóstico.
- ▶ Assegurar sempre apoio, mesmo que já não haja esperança de cura, e mostrar proximidade física e expressão de sentimentos. Despedir-se com simplicidade.

18

Acompanhar no luto

Perde-se mais vida através do pensamento
do que através de uma ferida aberta.

Thomas Hardy

Há não muito tempo, escrevi um livro intitulado *Duelo y espiritualidade*.[1] Quis mostrar que existem cada vez mais iniciativas de acompanhamento no luto, mas, ao mesmo tempo, podem faltar recursos para ajudar a trabalhar a dimensão espiritual. Como cristão, religioso camiliano, vivendo na Europa, não hesitei em perspectivar o tema a partir da tradição cristã sem, por isso, recusar qualquer outro recurso, crença, costume, religião... com que os enlutados contem. De fato, sinto que acompanhar no luto também é objeto da visita a pessoas que sofrem, quem sabe se porque perderam um ente querido depois de um processo de doença ou por quaisquer outros motivos.

Escrevi aquele material com temor e com tremor, porque estou consciente de que é tão delicado falar do luto (sobretudo dirigindo-se aos enlutados, como fiz com frequência em diversos países) como falar da dimensão espiritual

---

[1] BERMEJO, J. C. (2012). *Duelo y espiritualidade*. Santander: Sal Terrae.

e da esperança em particular, ansiando que o que se diz ou escreve esteja bem alicerçado no coração e não sejam meras palavras vazias que, ditas ao enlutado, se possam transformar em sinos ao vento. Eu já tinha escrito outro livro que está servindo realmente de ajuda a muitos enlutados e acompanhantes, intitulado *Estoy en duelo*,[2] e que pode ser um bom presente para uma visita a quem está de luto.

Estamos esquecendo-nos da espiritualidade?

Ao referir-se ao final da vida, a psicanalista Marie De Hennezel e o psicólogo e filósofo Jean Yves Leloup afirmam algo que podemos estender ao acompanhamento no luto antecipado e *post mortem*. "Pertençamos ou não a uma religião, a preparação para acompanhar pessoas que estão no fim da sua vida deveria tomar em consideração a dimensão espiritual do ser humano. Não somente não deveríamos nos envergonhar disso como também deveríamos saber que há nisso uma eficácia de outra ordem, a eficácia do coração."

No entanto, constato sempre com cada vez maior clareza o pudor e o temor que experimentam muitos profissionais e voluntários para entrar na dimensão espiritual nos processos de ajuda no luto. Por isso, também vejo que está ausente ou é muitíssimo pouco considerada a dimensão espiritual nos modelos interpretativos e nas propostas terapêuticas para intervir no luto.

---

[2] Id. (2013). *Estoy en duelo*. 10. ed. Madrid: PPC. [Ed. bras.: *Estou de luto*: reconhecer a dor para recuperar a esperança (2008). São Paulo: Paulinas.]

É verdade que a dica fundamental para a visita ao enlutado é acompanhá-lo no processo de elaboração do luto, com as suas tarefas de aceitação da perda, expressão dos sentimentos, adaptação ao mundo em que o ente querido já não está, aprendizagem no processo de investimento de energia afetiva em novas relações, cultivo da esperança... Mas também é verdade que o mundo dos valores, do sentido e da transcendência tem de ocupar um lugar adequado.

O diretor da unidade de luto em Medelín, Colômbia, Jorge Montoya Carrasquilla, com quem partilhei estratégias e ideias sobre a intervenção em luto, diz:

> Em nenhuma situação como no luto a dor produzida é tão plena: é a dor biológica (dói o corpo), psicológica (dói a personalidade), social (dói a sociedade e a sua forma de ser), familiar (dói em nós a dor dos outros) e espiritual (dói a alma). Na perda de um ser querido dói o passado, o presente e especialmente o futuro. Dói toda a vida no seu conjunto.

À procura de evidências

Agora perguntamos: O que têm a ver a dimensão espiritual e as necessidades espirituais com o luto? Será importante considerar essa dimensão na visita ao enlutado? A resposta não pode ser senão afirmativa.

Num estudo realizado pela Fundação Vidal i Barraquer, de Barcelona, sobre a espiritualidade, a religião e as crenças serem uma possível ajuda no luto, a conclusão é diferenciada a resposta é que ajudam, sim, mas depende. Para uns é de grande ajuda, para outros não, e ainda outros encontram dificuldades nessa dimensão. Para responder com maior exatidão, o estudo apresenta uma breve classificação em função de se os participantes eram ou não muito religiosos ou praticantes. Exponho a reflexão desses autores:

1. Um primeiro grupo é formado por aqueles que se consideram religiosos e/ou praticantes, cuja fé, religiosidade etc., os ajudam no processo de elaboração do luto.

2. O segundo grupo é formado por aqueles que eram religiosos e/ou praticantes, mas que, depois da experiência do falecimento de um ente querido, apresentam uma tendência a ter dificuldades ou oposições na hora de crer em Deus, na religião e nas práticas. São pessoas que não abandonam completamente a sua religiosidade, mas houve nelas certo distanciamento e uma série de formulações que pode exigir-lhes um tempo de amadurecimento. São majoritariamente os que têm fé num Deus que premia os bons e castiga os maus, que é o que aprenderam no catecismo quando crianças.

3. O terceiro grupo é formado por aqueles que tinham deixado de ser religiosos e/ou praticantes, ou nunca o tinham sido (menos pessoas), e que continuam a manter essa atitude, assim como alguns a quem o falecimento de um familiar os levou a considerar um regresso à fé, a um reencontro com Deus e com pessoas religiosas.

Em todo caso, é frequente encontrar sentimentos de raiva dirigidos a Deus, assim como o cultivo de sentimentos de esperança de reencontro e de que o ente querido viva no "céu", em termos familiares para os cristãos, ou alguma forma de sobrevivência na natureza ou no cosmos.

As crenças ajudam

Um trabalho de Joffe mostra que preceitos religiosos estimulam a superação das perdas de entes queridos mediante a fé, a oração, a meditação, os rituais, as crenças sobre a vida e a morte, procurando ajudar os que sofrem a superar o seu mal-estar e a aumentar os sentimentos positivos e o bem-estar psicológico, afetivo e espiritual. A autora refere que o psicólogo K. I. Pargament e o psiquiatra H. G. Koenig (1997) tomaram a noção do psicólogo Richard S. Lazarus e da psiquiatra Susan Folkman (1986) de enfrentamento e desenvolveram o conceito de *enfrentamento religioso*, definindo-o como aquele "tipo de enfrentamento em que se utilizam crenças e comportamentos religiosos não somente para prevenir e/ou aliviar as consequências negativas de acontecimentos estressantes da vida, mas também para facilitar a resolução de problemas".

No enfrentamento religioso positivo incluíram itens como a apreciação de Deus como benevolente, a intenção de colaborar com Deus, a busca de uma relação de maior contato com Deus, a busca de apoio espiritual a ser recebido de um grupo religioso e dos representantes desse grupo, a confiança plena em Deus, o oferecimento de ajuda espiritual a outras pessoas, a purificação religiosa através da prece, as orações, além do pedido e da concessão do perdão, e outras coisas mais.

Embora as crenças e as práticas religiosas não estejam reservadas exclusivamente aos momentos de perda e dor, as pessoas dirigem-se à religião em busca de ajuda nas situações da vida que são mais estressantes. Muitos dos mecanismos religiosos parecem ter sido desenhados especificamente para ajudar as pessoas nos momentos mais difíceis da sua vida. Talvez não seja surpreendente descobrir que a religião é particularmente benéfica para momentos de grande dor. É saudável crer.

Os representantes das comunidades religiosas, a partir da sua diferente formação religiosa, da dimensão ética (os valores), da religião professada e do profundo sentimento de compaixão pela dor alheia, em geral costumam ter a capacidade de oferecer acompanhamento àqueles que estão no final da vida, bem como aos seus familiares que se preparam para enfrentar essa perda; oferecem consolo aos que, perante a morte dos seus entes queridos, devem transitar e atravessar as diferentes etapas do luto.

O consolo e o acompanhamento de representantes religiosos (agentes de pastoral cristãos, rabinos, pastores e lamas...) podem ser vistos como promotores de alívio do mal-estar físico e psicológico, bem como do aumento de sensações e estados de maior paz, bem-estar, harmonia e tranquilidade espiritual.

Esse tipo de ajuda espiritual pode considerar-se um tipo de assistência que permite que os sujeitos religiosos que atravessam o luto por perda de um ente querido consigam uma maior compreensão do sentido da vida, estimulando neles uma conexão mais positiva com si mesmos, com os outros e com o presente, a partir de valores e aspectos espirituais presentes em cada religião.

Anselm Grün, monge cristão alemão, um dos autores mais lidos dos últimos anos por quem busca espiritualidade ao alcance de todos, não hesita em afirmar que "o nosso luto deve ser diferente". O nosso luto deve ser diferente daquele de quem não tem esperança. A esperança naquilo que nos aguarda na hora suprema marca a nossa forma de abordar a nossa morte, assim como a das pessoas que nos são queridas. Não seria nada demais conceder um espaço oportuno à dimensão espiritual em quem deseja estabelecer relações de ajuda com o enlutado, sem esquecer que, na visita, a atenção deve centrar-se nas necessidades do destinatário, no seu estado físico, psicológico e espiritual. É preciso estar muito atento àquilo que o outro precisa.

O que faz mal, o que faz bem

O que faz mal

▶ Dizer frases vazias, sem conteúdo, por não se saber manter o silêncio e abraçar.

▶ Generalizar: "Mais cedo ou mais tarde, isso vai acontecer com todos nós"; "Um dia, todos nós teremos de...".

▶ Interpretar a morte em termos fatalistas: "Todos temos um destino".

O que faz bem

▶ Permitir que o doente desafogue seus sentimentos, sejam quais forem, ainda que absurdos ou sem sentido.

▶ Promover a aceitação da morte.

▶ Estar atento às necessidades concretas, respeitando ritmos, melhoras e retrocessos no processo da elaboração do luto.

19

Humanizar os ritos

Um rito contém mais de uma centena de livros.

George Gurdjieff

Como não podia ser de outra maneira, também eu participei em vários funerais em cidades grandes e não somente na zona rural. Recordo-me de alguns na cidade: um momento na capela mortuária ou no funeral, alguns carros atrás do féretro, cinco minutos antes da cremação com os poucos que podem entrar e a impossibilidade de uma "proximidade" do defunto e, às vezes, da família, ocasionalmente por expresso desejo deles.

Na cidade, creio que o rito em torno da morte pode correr o risco de, em muitos casos, perder sua natureza e seu poder humanizador. Pode perder e não vejo que alguma coisa tenha substituído aquilo que ainda – pelo menos em ambiente rural – desempenha uma função importante, ajustando-se e respondendo a necessidades concretas das pessoas em momentos cruciais.

O sentido do rito

Dissemos que Louis-Vincent Thomas, antropólogo que estudou especialmente o tema da morte, afirma: "O homem define-se como um animal que pratica ritos funerários", porque o rito existe para dar sentido ao que nos acontece, sentido tanto à nossa própria morte como à morte do outro. O rito é próprio do ser humano. A sua ausência é uma ausência de humanidade.

Com efeito, a ausência do rito nos funerais faz com que se viva a sensação de que a sabedoria popular exprimiu como "Morreu como um cão", atribuída à solidão nos últimos instantes ou à falta de pessoas, gestos e palavras à volta da pessoa que morreu.

A ausência de ritos gera um vazio desumanizador que condena à solidão os que vivem a dor motivada pela perda. Marie de Hennezel,[1] autora de vários livros sobre a morte, afirma que, mais do que inventar novos ritos para entrar vivo na morte – não morrer antes de morrer – ou para viver o luto, deveríamos rever os antigos rituais religiosos para nos inspirarmos neles.

Por definição, o ritual determina minuciosamente o tempo, o lugar, as pessoas, as ações, as palavras, os gestos e os objetos que rodeiam uma experiência importante que a pessoa vive comunitariamente. O rito é uma cerimônia que se repete da mesma forma, seguindo normas mais ou menos rígidas.

---

[1] HENNEZEL, M. de (1996). *La muerte íntima*. Barcelona: Plaza y Janés. [Ed. bras.: *A morte íntima*: aqueles que vão morrer nos ensinam a viver. (2004). Aparecida: Ideias & Letras.]

De acordo com a sua natureza, os ritos podem ser de purificação, mágicos ou de consagração, ou então, segundo a classificação do antropólogo Anthony Wallace, individuais, xamanistas, comunitários (de solidariedade, de fertilidade ou de passagem ou transição) e eclesiásticos.

No fundo, o rito em torno da morte de uma pessoa – rito comunitário, próprio de um momento de transição e, para os religiosos, rito eclesiástico – serve para separar o sagrado do profano ou, melhor, trata de fazer penetrar o sagrado no profano. Mais ainda, a reverência manifestada perante o sagrado ao participar no rito exprime, de maneira simbólica, a dependência do indivíduo em relação à comunidade, à sociedade. Émile Durkheim, um sociólogo que estudou especialmente os ritos, define-os como "uma prática relativa a coisas sagradas".

O rito que humaniza

O rito humanizado elabora respostas intuitivas e profundas para as necessidades da pessoa. É apaixonante descobrir que, para o coração partido de uma pessoa – e de uma família –, havia um ritual apropriado de solidariedade e de abertura à vivência do sagrado: a morte.

Na verdade, os sinos eram tocados de forma especial, comunicando a toda a sociedade o acontecido; o sacerdote, com outras pessoas, dirigia-se para a casa da família e acompanhava a família com o defunto ao templo, em procissão, entre orações e cânticos; eram numerosos os sinais externos próprios da missa de exéquias; aspergia-se o cadáver com água como sinal de vida nova; acompanhava-se o defunto até o cemitério – um momento tão crítico! – e rezavam-se salmos tão apropriados como o canto à esperança confiada na misericórdia (o *Miserere*) e no apoio de Deus (palavras tão consoladoras como: "O Senhor é meu Pastor, nada me falta; em verdes prados me faz descansar e conduz-me às águas refrescantes; reconforta a minha alma..."; partilhavam-se os sentimentos e exprimia-se literalmente: "Estou ao seu lado", uma expressão tão densa quando se pronuncia e se sente de maneira autêntica.

Os funerais de cidade, sobretudo quando ela é grande, costumam ter outra dinâmica: mais raramente há palavras sobre a pessoa falecida, menos gestos permitidos pela família para partilhar sentimentos, raros elementos (além dos milhares de flores que escondem o caixão) que permitem viver o caráter sagrado do momento numa perspectiva de comunhão. Solidão dos afetados. Vazio na rede das relações à volta do defunto e da sua família. Silêncio, não se sabe se eloquente ou vazio. Saída furtiva do cenário da vida. Negação da morte e da sua densidade.

É verdade que os ritos desumanizados também estão vazios. Quando quem preside uma celebração não está habitado de empatia com as pessoas que participam nela, o rito parece teatro e causa repulsa à condição humana.

O desafio talvez seja procurar na riqueza e na profundidade da nossa natureza aquilo que pertence ao sagrado e reaprender a vivê-lo, devolvendo aos ritos a humanidade que os caracteriza. A transcendência e o sagrado têm de encontrar uma expressão em pleno coração da pessoa e da comunidade, humanizando os ritos, porque a ausência de ritos desumaniza e os ritos desumanizados são aviltantes.

Acompanhar quem se separa de um ente querido tem muito mais de participação em rituais, na medida da experiência das pessoas que têm o coração partido. A presença, o abraço, as palavras, os gestos, os silêncios, a celebração, o "caminhar juntos", o "acompanhar no sentimento" de maneira autêntica, ritualizada, como corresponde à sacralidade do momento, parecem responder a uma necessidade e não somente a um costume.

Anular os ritos pode corresponder a uma tendência crescente de negar a morte e, também, contribuir para a solidão e para a desumanização da elaboração do luto, impedindo a saudável expressão da dor, da solidariedade na dor e da sacralidade do mistério.

Nós, que desejamos acompanhar no luto, temos diante de nós o desafio de aprender a estar em silêncio, com a palavra oportuna, de conhecer o dinamismo humano e espiritual do processo de elaboração do luto, de acompanhar nos ritos contribuindo para humanizá-los e permitindo que eles nos humanizem.

O que faz mal, o que faz bem

O que faz mal

▶ Evitar os ritos por serem questões tradicionais.

▶ Impor ritos que não tenham significado para os protagonistas, o que acaba virando algo teatral ou puro formalismo.

▶ Impedir as crianças de participar nos ritos.

O que faz bem

▶ Preparar os ritos personalizando-os na justa medida, respeitando também a sua dimensão repetitiva.

▶ Fomentar o protagonismo das pessoas nos momentos em que os ritos o preveem.

▶ Usar símbolos significativos para os protagonistas nos ritos, impedindo que sejam meros formalismos frios.

Ao fechar o livro

O maior espetáculo é o homem esforçado
que luta contra a adversidade;
mas há outro ainda maior:
ver outro homem ir em sua ajuda.

Oliver Goldsmith

Nestas páginas, percorremos algumas dicas da visita ao doente, desejando promover a sua humanização, estando conscientes de que não há receitas para apagar a ansiedade e a falta de jeito de muitas pessoas quando se aproximam de um doente.

Infelizmente não recebemos formação sobre como acompanhar na dor; por isso, muito frequentemente, o nosso comportamento segue estereótipos e lugares-comuns. A escuta será sempre o primeiro e mais importante elemento.

Mas, antes de fazer uma visita, é preciso discernir se é oportuna. Porque tanto podemos cair no exagero de abandonar a pessoa que sofre na solidão como no extremo de invadir e gerar mal-estar em quem precisa e deseja tranquilidade. O melhor é procurar algum tipo de sinal de que a visita é conveniente.

É saudável preparar-se o encontro com quem sofre. A escuta não se improvisa, a concentração não é fácil e muito frequentemente o ruído interior, mental ou emocional distrai. Esmerar-se por uma boa dose de atenção plena ajuda a tornar o encontro gratificante e curador.

A sinceridade, a naturalidade, falar e ouvir com o coração sempre contribuem para que a visita seja algo em que o doente poderá apoiar-se e, assim, alimentar sua esperança.

A visita ao doente pode ser o melhor remédio ou também um agente patogênico. O discernimento é sempre uma tarefa pendente e a humildade, a melhor companheira.

Rua Dona Inácia Uchoa, 62
04110-020 – São Paulo – SP (Brasil)
Tel.: (11) 2125-3500
http://www.paulinas.com.br – editora@paulinas.com.br
Telemarketing e SAC: 0800-7010081